U0040386

跨界思考

操練手冊

從個人探索到解決問題，7步驟找出你的優勢，
讓跨界經驗發揮最大效應

陳永隆、王錚——著

前言

你想過，在發散思考的路上，也可以很邏輯、很有系統嗎？

你想過，在收斂思考的路上，也可以很創新、很跳躍嗎？

《跨界思考操練手冊》將讓你重新釐清，原來，我們可以善用邏輯思考來分析問題、尋找真因，接著，用創新思考來激發靈感、廣納異見，最後，再用本書提供的跨界思考模型與技巧來發現超乎預期的答案，找出更突破、更創新的解決方法。

2003 年，正值我第一本知識管理的書《知識價值鏈》出版之際，回想到 1999 年投入新經濟時，英特爾（Intel）主席安迪‧葛洛夫（Andy Grove）——一個網際網路虔誠信徒，四處傳揚著：「五年內，全世界將沒有任何網路公司，因為屆時所有公司都是網路公司。」我反問自己：「會不會五年後、十年後，也不會再談知識管理，因為所有資訊知識都唾手可得，所有管理技巧也都透明易學，開放平台將讓有價值的知識無所不在，到那時候，知識工作者的差異化競爭力會是什麼？」

其實我心中已經浮出兩個關鍵字：「悟」和「跨」。

「悟」，是領悟力。在網路開放、知識透明的年代，同一個課堂、同一個老師、同一本書、同一個網站，你學到的，對方也學得到，即使有時間差，較晚學習的人，只要用心，仍有機會比早學習的人學到更多。差別就在於你的悟性。有悟性的人，會發現別人發現不到的知識或道理，悟出屬於自己獨特的智慧。

「跨」，則是跨領域。在網路無國界、組織無邊界、知識獲得無時差的年代，知識唾手可得，當越來越多免費、有價知識可以輕鬆獲得並自主學習，誰具備跨界連結、跨界思考、跨界創新的學習能力，誰就有更大的機會在浩瀚的知識大海中，引爆出有別於過去專精知識時代的高門檻差異化知識。

「悟」和「跨」，像數學的充分必要條件，悟者，易跨；跨者，易悟。

這本書將跨界思考的定義、應用到實踐，分成七個主要單元。我們會先從本質與內涵，釐清「跨界」的迷思，讓讀者正視跨界的關鍵，不是表面的跨，而是連結（Connect）、鏈接（Link），到環環相扣的緊密鏈接（Interlink）。書中也會提供一系列實用、易用的模型、工具與表單，供讀者逐步由淺入深地練習，感受跨界思考的魅力。

本書有觀念、有工具、有模型、有練習、有表單、有指引、有案例，以學術角度來看，這本書有很多地方都值得繼續展開成為學術研究論文的主題；以實務角度來看，這本書每一個觀點與模型都經過學校、企業、團體或個人的實際演練或應用，結果證明不僅可行，也產生了具體的跨界思考與跨界創新的力量。

這本書結合了老陳和小王兩位跨海峽、跨世代博士的專業合作，我們兩人因知識管理而結緣，因專家採訪而進一步認識與合作。書中大部分篇幅是小王的筆觸，卻流露出更多老陳的思想與研究實踐成果，而且很多地方在小王的思想添加後，有了畫龍點睛的效果。思想中的話語，是筆觸的源頭；筆觸下的文字，是思想的呈現。在老陳和小王交互校稿過程中，我們已將思想、文字融為一體，就像跨界的最高境界一樣，思想、文字，已經無界，也無區別出自何人。

跨界思考，是將邏輯思考與創新思考交錯、混搭並合而為一的融合力。

跨界思考，是在無關中發現有關，無用中發現有用的探索力。

跨界思考，是在沒有為什麼中發現為什麼，沒有道理中發現道理的洞悉力。

跨界思考，往往會挖出埋藏在你內心多年，卻忘了如何吶喊的聲音。

達文西說：「複雜的極致，是簡單。」希望讀者在讀完這本書之後，可以發現：原來，跨界的極致，其實是無界。

陳永隆、王錚

關於本書

　　這是一本教你認識跨界思考、建立跨界思考模式，並且應用跨界思考的書。

　　這並不是一本教科書，本書的主要旨趣不在於呈現理論、演繹、分析和說教，但是我們力求言之有物、言之有理、言之有據，力求嚴謹地引用最新實踐及研究成果，力求在學術性和科普性之間實現跨界。

　　這也不僅是一本工具書，本書的終極目標也不在於僅提供具體的模型或做法，而是希望提供一種新的思考模式和一套符合未來學習與思考趨勢的心法，但是我們同樣力求思行合一、學做一體，因此我們在書中提供了大量案例、工具和資源，力求在理論性和實踐性之間實現跨界。

　　這本書適用於個人，也適用於企業和各類機構與團隊。拿起這本書的你，既可能是統領千軍的大企業主，也可能是單槍匹馬的創客、專業人士或自由工作者；既可能是學富五車的資深專家，也可能是求知若渴的新人，無論你的身分是什麼都沒有關係，因為我們知道，在未來，組織與組織之間、組織與個人之間、老人與新人之間、大眾與專家之間的邊界將逐漸被跨越。

這本書的內容涉及了思考方式、認知模式、學習方法、資訊管理、知識管理、企業管理、教育教學、交流溝通、生涯規畫、心靈成長等諸多領域，但何必糾結於這本書到底屬於哪一門學科，我們要的就是打破專業細分的高牆、打破固見與自我設限，我們玩的就是跨界！

本書序章的核心是本質與內涵，在這個章節中，我們首先破除你對跨界的迷思——不是換過幾個不同產業的工作就叫跨界背景，不是到不同學院修課就叫跨界學習，不是組團幾個不同學科的專家就是跨界研究。

跨界，需要摒棄那些表面工夫，從「心」開始，需要打破有用無用的界限、打破有關無關的界限、打破是非成敗的界限、打破對錯得失的界限。

第一章和第二章，我們會教你透過跨界思考，盤點個人優勢，接軌未來趨勢，從個人做起，從心做起，發現人生新的可能性。

第三章到第五章的核心是模型與演練，我們將教你搭建與演練跨界思考的模型，陪伴和推動你從「跨界思考」走向「跨界實踐」，最終實現「跨界解決問題」。我們提供了一系列實用、易用的模型與工具，包括跨界思考總框架和子模型、發散思考工具、收斂思考工具、跨界聯想術、跨界收斂術，還有行動方案及問題解決工具等。

第六章的核心是案例與實踐，我們提供了不同領域的案例，讀者們將從中看到，跨界思考的模型可以活學活用，不要執著於模型本身的條條框框，錯把指月的手當成月亮。

第七章最重要的結論是要告訴讀者們：跨界的極致是無界。或許這個世界本來就是無界，只不過人類總是自我設限、作繭自縛。跨界思考是讓你破繭而出，更是讓你發現自己，發現這個世界最初的、最好的模樣。

此外，我們在書末提供了一系列跨界思考專用的空白表，讓你自由練習。在學習完畢之後，不要猶豫，趕快檢驗一下學習的效果吧！

第 **2** 章
轉型──第二專長、優勢跨界

第 **6** 章

思行——進階應用、思行合一

第 7 章

無界——跨界極致、原是無界

序章

破除迷思

──了解跨界的本質與內涵

不是換過幾個不同產業的工作就叫跨界背景

在弄清什麼是跨界之前，我們先弄清什麼不是跨界。

當今社會，職場上的人員流動性越來越大，換過幾個工作的人不在少數。隨著社會越來越開放、資訊越來越透明，傳統「從一而終」的工作型態已經越來越少，特別是作為職場新世代的許多八○後、九○後，更是給人高跳槽率的印象。

很多人在跳槽多家公司後，就自詡為擁有跨界的背景，然而，事實真是如此嗎？

舉例來說，A在過去的職業生涯中，先後就職於生物科技、資訊科技和人力資源領域的崗位，他實際上已經擁有了不同產業的背景。

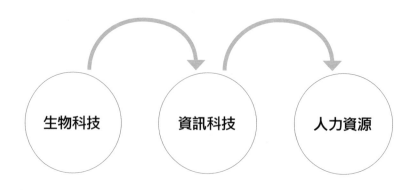

■ 圖 0-1 不是換過三份不同工作就叫跨界

注意，我們在這裡舉了一個非常理想的例子，如果只是在同一產業內不同公司的同一類崗位上流動，變化的只有薪資待遇和工作經驗，要經由跳槽來實現跨界的可能性就更小了。

如圖 0-1 所示，儘管 A 已經在不同產業換過三個工作，但是如果每一份工作都和上一份工作之間缺乏傳承和連接，沒有把上一份工作的成功經驗和失敗教訓帶到下一份工作，這就只是表面上的跨界，並沒有完成實質上的跨界，也很難取得真正跨界所帶來的效果。

如圖 0-2 所示，如果 A 能夠把第一份生物科技的工作經驗有意識地帶到下一份資訊科技工作，再把資訊科技工作的經驗有意識地帶入到第三份人力資源工作，從而實現在每次工作變動和生涯轉換時，都能在兩兩領域之間形成交集，那麼我們可以認為他實現了「半跨界」或「準跨界」，但他仍然沒有將三份工作的知識和經驗交會起來。

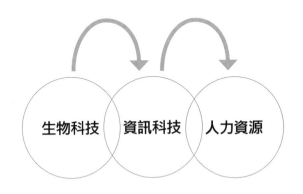

▌圖 0-2　檢視你換過的每份工作之間是否產生連結？

■ 圖 0-3　真正的跨界引爆點，發生在多個不同工作經驗的交集點

　　我們認為真正的跨界應該如圖 0-3 所示，不同生涯階段的知識經驗不應該是線性的。雖然時間是線性的，但知識是非線性的。A 在生物科技、資訊科技、人力資源領域的工作經驗應該是融合交會的，唯有這樣才能實現「梅迪奇效應」的交會創新。

　　「梅迪奇效應」使得義大利佛羅倫斯成為文藝復興的爆發點，成為震撼人類文明發展史的震源中心。運用跨界思考的技巧，你也可以使具備不同工作經驗的自己成為一場革命的引爆中心。當不同職業生涯階段獲得的經驗形成交會點，摩擦出火花，引爆的能量將遠大於你所經歷的任何一個工作崗位，並超過所有工作的總和。

　　所以，我們的腦和心，其實就是你的交會創新中心，也就是你的跨界引爆中心。

‖ 不是到不同學院修課就叫跨界學習 ‖

同理，從職場工作追溯到上游，來到學校教育領域，你覺得在大學跨院系選課就叫作跨界學習嗎？

沒錯，現在你已經了解圖 0-1、0-2、0-3 的含義了。

僅僅選修了醫學、文學、管理學的三門課程，如果沒有在三門課所學的知識之間建立關連和連接，那麼你可能只是身體跨入三個不同學院的教室，你的心並沒有跨界。如果按照時間序列，在前後兩門課程之間有意識地融會貫通，那也僅僅是跨界的第一步。

真正的跨界學習，是在選修了三門不同領域的課程之後，有意識地將三門課的學習內容和感悟所得融會貫通，醞釀形成交會點。

基於這種認識，讓我們看看現實中的學校教育場景。儘管在大學裡面，教育管理者都在鼓勵學生跨學科、跨學院，甚至跨學校選課，但是如果沒有掌握跨界學習的實質，沒有經過系統性地教導學生跨界思考與異質知識的連結技巧，那麼學生跨過的，只是不同院系的院門或不同學校的校門，只能稱為「表面上的跨界」，並不算完全實現教育者的初衷。

同理，作為學生，沒有對跨界學習有深入的認識和自覺，儘管也花了時間、下了工夫、費了腿腳奔走在校園各處，聽了不同的課程，但是卻很遺憾地，不能產生「交會引爆」的效果。

無論是受教育者、自主學習者，還是教育工作者，我們都應該仔細想想，我們究竟做了多少「表面上的跨界」，到底空轉了多少「表面工夫」？

其實，選修三門課程在這裡只是一個簡化的比喻，推而廣之，我們每個人經歷的大學、碩士，甚至博士階段，初階、中階、高階主管職稱，幼年、少年、青年階段，前年、去年、今年，以及剛剛過去的上午、下午、晚上，每個階段莫不都是學習的一課，對於這些人生課程，你是否也實現了跨界學習？

‖ 不是邀集幾個不同學科的專家就是跨界研究 ‖

剛才講到的都是個人，現在談談團隊。

老陳曾經受到一位大學教授的邀請，以產業專家代表身分加入所謂的「跨領域研究小組」。結果加入之後，僅被要求提供簡歷和一些研究成果摘要，對於研究團隊內的其他專家，我以前完全不認識，真正見面開會也只有一次，所有的交流幾乎都是和小組的主持人，也就是那位邀請者單線連繫。過了一段日子，我終於明白了這個邀請的用意，原來就只是為了展現這個研究小組的「多元性」和「跨領域性」。

研究主持人和團隊成員之間沒有深入溝通研究需求，對於計畫的整體布局，以及成員自己扮演的角色模糊不清，只憑團隊成員看似來自不同領域的專家，有著不同領域的背景，就叫作跨領域研究團隊與跨領域研究計畫，這難道不也是「跨界的表面工夫」？

美國的蘭德公司（RAND Corporation）是世界頂級智庫的代表。一般認為，「智庫」一詞的用法最早出現在 60 年代，就是用來描述蘭德公司。蘭德公司最大的特色和優勢之一，在於強大的跨學科研究能力。在國際權威的智庫排名——美國賓夕法尼亞大學智庫與公民社會專案（TTCSP）發布的《全球智庫報告》中，蘭德公司連年在「擁有跨學科研究項目的最佳智庫」榜單上排名第一。

蘭德公司究竟是如何做「跨學科研究」的呢？

智庫是典型的智力與知識密集型機構。如何管理好眾多不同領域的研究人才，讓他們的知識和價值發揮最大效用？如何運用、統籌眾多研究專案配置人員、資金和資源？面對上述問題，蘭德設計了矩陣式管理架構。矩陣的一個維度是學部，主要有以下幾項職能：（1）負責研究者的行政管理，保證研究者的品質，如人員的招聘、考核、提拔等；（2）參與研究項目的審查和品質控制，如審查課題安排、研究進度和經費開支等；（3）負責學科建設和人才培養；（4）設置跨學科的研究方法中心，促進跨學科的創新方法共享和應用。

矩陣的另一個維度則是按照研究專案或應用領域分為不同的研究單元，每一個研究單元可能來自不同的資助者，有對應的研究內容，其下可能會再細分為不同的研究中心、研究部或子專案。研究專案的經費就由研究單元的專案負責人負責。

藉由這種矩陣式管理架構，蘭德的研究人員一方面在學部框架下接受行政管理和支援，另一方面根據不同研究專案的需要，靈活流動、組

織，建立多元化的團隊，讓不同的聲音交融，真正實現蘭德在願景中所宣稱的「跨領域、跨學科」研究特色。

據統計，至今總計有三十二位諾貝爾獎得主在其職業生涯中參與過蘭德的工作。除了具體研究成果，蘭德提出了系統分析法、德菲法（Delphi Method）等研究方法，對於理性選擇理論、運籌學、博弈論等理論做出了巨大貢獻，並對於網際網路等技術的產生、新型航空材料的應用等發揮了重要推動作用。

蘭德公司不正是透過跨界研究，成為當代「梅迪奇效應」的代表嗎？

因此，本書強調「跨界」的真正核心關鍵，並不是表面上不同領域、不同學科、不同成員的跨，而是從連結中、產生鏈接，再到環環相扣的緊密鏈接。

‖ 什麼是跨界思考？ ‖

鋪陳到這裡，你可能會認為：原來，作者就是想告訴我們，這些案例有的和跨界有關係，有的和跨界沒關係；有的是「有用」的跨界，有的是「無效」的跨界。但是在我們看來，這些案例描述的內容都是有用的，因為它們有助於我們聚焦和收斂到跨界的真諦。

在此，我們對於「跨界思考」提出正式的定義：

所謂「跨界思考」，就是利用有系統的方法，進行異質思想或異質知識的交會、激盪與衝擊。藉由接觸各種人事物與多元資訊和知識，廣泛去吸收有用無用、有關無關、是非成敗、對錯得失的案例或知識，先經由刺激、連結，再進行收斂、聚焦，藉以衝擊出不同於自己以往的新思維、新發現、新解答或新智慧的能力。

　　你已經看到了跨界思考的種種價值和必要，也知道了跨界思考的內涵，接下來，我們需要你動起來，和我們一起加入跨界思考的操練。

　　你準備好了嗎？首先，讓我們從一項必要的「熱身運動」做起。跨界思考的熱身運動很必要，也很簡單，那就是領悟與實踐以下四句話：

1　打破有用無用的界限
2　打破有關無關的界限
3　打破是非成敗的界限
4　打破對錯得失的界限

　　這四句話也出現在我們對跨界思考的定義中，是跨界思考的前提和基礎，事實上，按照我們對本書的設計──「一本書就是一場跨界思考實踐」，就是在推動讀者們領悟和踐行這四句話。

第 **1** 章

定錨
——探索自己、盤點自己

找出你的優點，擺在對的定點

放大你的長處，避開你的弱點

發揮你的強項，勝過打造完美

優點刻在石頭上，缺點寫在沙灘上

如何探索自己，
為自己貼標籤？

這一章我們彙集了來自管理學、心理學、教育學等領域的實用工具，這些工具有一些產生自企業經營管理領域，但它們同樣也適用於個人，能夠幫助你更好地盤點個人優勢，接軌未來趨勢。

‖ 利用九宮格為自己貼標籤 ‖

我在大學講授知識管理課程時，有一個環節專講個人知識管理，教大學生探索自己、盤點自己、檢視自己，把自己認識清楚。

在九宮格的中間寫上「我是這樣的人」，在周邊的八個基本格，為自己貼標籤，寫上自己的特質，好壞都要寫。再以八個基本格為單位，拓展成九乘九的八十一宮格。

完成之後，再請老師來審視或者自我審視，把值得保留的和應該去除的都用不同符號標注出來。課堂上，曾經有學生的思維很消極，寫出來的都是自己的缺點，但我們不准這樣，因為人不可能沒有優點，我會鼓勵學生，至少寫幾個優點，自己要學會愛自己、欣賞自己。

下面是一位年輕學生所做的九宮格自我盤點範例，請大家參考。

1　在正中央的九宮格填入你為自己貼的八個標籤（優缺點、強弱項、興趣、專長、個性、特質）
2　將這八個標籤依相對位置寫在外圍九宮格的中央
3　在外圍九宮格詳加敍述每一個標籤（進一步特質分析、範例說明）

每天都是新的一天	不愛負面情緒	化解負面情緒	玩手機	玩電腦	玩社團	喜新厭舊	健忘	分心
營造氣氛	愛笑	與人交流	玩烘焙	愛玩	玩創意	無法專心	心不定	好奇
帶來歡樂	笑口常開	享受生活	玩遊戲	玩社交	玩四年	左耳進右耳出	喜歡新奇事物	三分鐘熱度
逆來順受	適應力高	什麼都好	愛笑	愛玩	心不定	明辨是非	好惡分明	打理自己
好相處	隨和	群體生活	隨和	我是這樣的人	自律	知道該做什麼	自律	拉住自己
包容	相信別人	耳根子輕	選擇性障礙	文具控	活潑	知道為何而做	做自己	不後悔
顏色	款式	需要與否	自動筆	紙膠帶	筆記本	群體生活	重朋友	愛熱鬧
規格	選擇性障礙	亂買	特別的	文具控	設計感	交友廣泛	活潑	找話題
流行性	話題性	特價	筆袋	逛書店	可愛的	常保連絡	同理心	愛講話

■ 圖 1-1　利用九宮格法重新認識自己，為自己貼標籤

‖ SWOT 分析法 ‖

　　利用 SWOT 分析法可以整理出個人優勢、個人劣勢、外在機會、外在威脅。下面是一位年輕學生所做的 SWOT 自我盤點範例，請大家參考。

1　填寫三～五項你的個人優點、強項、專長、特質或好習慣
2　填寫三～五項你的個人缺點、弱項、壞毛病或壞習慣
3　填寫外在環境或趨勢發展下，可能為你帶來的正面機會
4　填寫外在環境或趨勢發展下，可能為你帶來的負面衝擊

個人優勢 Strengths	個人劣勢 Weaknesses
活潑 愛社交 隨遇而安 對新事物有好奇心	固執 容易分心 不愛規畫 常常不考慮後果
外在機會 Opportunities	外在威脅 Threats
適應力高的我， 擁有許多機會發揮優勢	粗心大意的性格， 很容易因小失大

■ 圖 1-2　利用 SWOT 分析法盤點自己的優缺點和機會、威脅

善用 APP，
做簡易的自我性格分析

‖ DISC 人格分析 ‖

DISC 人格分析將人的性格特質分成「支配型」、「影響型」、「穩定型」和「分析型」。經由簡單的測驗，就可以知道自己屬於哪個類型。

讀者可以掃描右側 QR Code，參考網頁的介紹和測驗：

■ 圖 1-3 利用 DISC 人格分析，檢視自己的人格特質

‖ 九型人格分析 ‖

　　九型人格分析是一套更深層次的方法，將人按照思維、情緒和行為分為九種類型，可以更準確地了解自己和他人的行為習慣。

　　讀者可以掃描右側 QR Code，參考網頁的介紹和測驗：

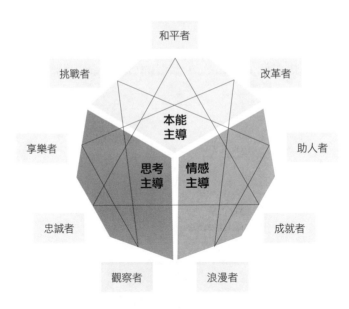

■ 圖 1-4　利用九型人格分析，了解自己的行為習慣

‖ 多元智能測驗 ‖

多元智能測驗是基於霍華德·嘉納（Howard Gardner）提出的「多元智能理論」，以一套標準的測驗系統，評估人的多元智能表現和職業發展。讀者可以掃描下方 QR Code 來進行測驗。

以上提到的 DISC 人格分析、九型人格測驗、多元智能測驗，都有手機專屬的 APP，讀者可以根據 iOS 或 Android 系統去搜尋利用。

■ 圖 1-5　從多元智能認識自己能力的強項與弱項

為自己畫一張
人生夢想策略地圖

‖ 畫一張人生夢想策略地圖 ‖

　　我經常在培訓課程上指導年輕朋友們，比如大學生和職場新人，畫出自己的人生夢想策略地圖。當然，如果你是一位職場「老人」或是一位退休「新人」，我們同樣鼓勵你繼續擁有新夢想、思考新策略。

　　我們首先要填出表中的三項基本內容：

1　我的使命，即我對社會的責任
2　我的夢想，即五～十年後自己想成為什麼樣的人
3　我的核心價值，即自己有什麼獨一無二的特質或天賦

　　然後在下方依序寫下為了實現夢想，你未來將以什麼作為經濟來源？需要靠什麼貴人或朋友協助你？為此你應該做什麼事情，選擇什麼樣的工作與生活模式？你應該學習什麼知識、技能，才能夠把這份工作做好，讓別人看見你，願意投資你、幫助你？

　　這些問題是步步相連、層層遞進的。

下面是一位年輕學生所做的自我盤點範例。你也可以畫一張自己的
人生夢想策略地圖。

我的人生夢想策略地圖

我的使命（對社會的責任）：幫助弱勢兒童
我的夢想（五～十年後的未來）：打造自由、支持學習的成長環境
我的核心價值（最獨特的 DNA）：活潑、能夠適應新環境與新事物

財務 （經濟來源）	資訊業　托兒所　安親班
顧客 （貴人朋友）	企業老闆　師長　朋友　同事
內部流程 （工作‧生活模式）	寫程式　適合的職位　人際關係　完善的照顧環境
學習成長 （核心優勢）	程式能力　專業證照　溝通能力　同理心　設計能力

■ 圖 1-6　畫一張人生夢想策略地圖，確認自己的使命、夢想和核心價值

‖ 為了實現夢想，我的承諾 ‖

畫出人生夢想策略地圖之後，就需要調整好狀態，準備出發。

不管你是年輕的在校學生，還是職場新人，還是正在試圖轉型、跨界的中青年，甚至是退休後開始新生活的銀髮族；不管你是在逆境起伏中眺望新未來，還是希望在順境成就中更進一步，我們都希望你調整到可隨時出發的良好狀態。

為此，我們希望你透過腦力激盪，完成這份宣言——為了實現夢想，我的承諾如下：

我需要放大的優點是 _____

我需要長期完成的夢想是 _____

我的中期計畫是 _____

我立即該做的行動是 _____

我必須戒掉的惡習是 _____

我需要修正的心態是 _____

我在學習的路上需要 _____

我在心智成長的路上需要 _____

完成你的第一張
個人商業模式圖

‖ 個人職場規畫的商業模式圖 ‖

由亞歷山大‧奧斯瓦爾德（Alexander Osterwalder）和伊夫‧比紐赫（Yves Pigneur）開發的商業模式圖，主要是幫助創新者、創業者催生創意，明確自己的目標客戶、關鍵服務，降低猜測，同時檢視商業模式的可行性。經過簡單的調整之後，商業模式圖同樣可以用來盤點自我、檢視個人職場規畫。

個人商業模式圖				
關鍵合作夥伴	關鍵活動 我要怎麼做？	價值主張 我可以提供 什麼幫助？	顧客關係 如何維持關係？	目標客層
誰可以幫我？	關鍵資源 我是誰？ 我擁有什麼？		通路 如何宣傳自己 和任務？	我能幫助誰？
成本結構 我需要付出什麼？		收益流 我能得到什麼？		

▌圖 1-7　利用商業模式圖，檢視個人職場規畫

在製作個人商業模式圖時，先從關鍵資源，也就是「我是誰、我擁有什麼」開始回答，再依序思考：我能幫助誰、我可以提供什麼幫助、要怎麼做、找誰幫忙……等問題。

‖ 在實踐夢想的路上，善用管理學工具 ‖

PDCA 循環是管理學的一個重要基本工具，透過計畫（Plan）、執行（Do）、查核（Check）、修正（Act），持續改進工作的品質，強化執行力並落實績效目標。在實踐夢想的路上，我們可以將目標化為PDCA 來查核。

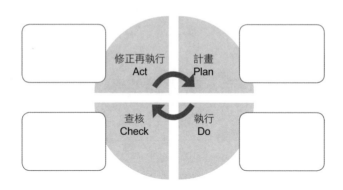

■ 圖 1-8　利用 PDCA 循環，逐步接近夢想

甘特圖則是將工作任務與時間規畫串連起來，清楚顯示專案活動的順序與持續時間，可以檢視時間、人力、成本、資源是否有效分配。

PDCA 循環搭配甘特圖，就是掌握時程與執行力的好工具。

時間 任務	1 月	2 月	3 月	4 月	5 月	6 月	7 月	8 月	9 月	10 月	11 月	12 月	需要的資源 （人力‧設備‧預算）
任務 1													
任務 2													
任務 3													
任務 4													
任務 5													
完成進度%													

■ 圖 1-9　利用甘特圖掌握時程

第 2 章

轉型
——第二專長、優勢跨界

找出你的優勢，接軌未來趨勢

T 型人：不只擁有一技之長，還要廣泛接觸其他領域

選擇第二專長：加值第一專長，墊基下次轉型

交會點創新：多接觸異質人、異質知識、新興科技

如何設定
自己的第二專長？

「π型人」是日本著名管理學家、經濟評論家大前研一所提出的概念。相較於「π型人」，還有「T型人」、「I型人」。I型人指完全聚焦和依賴唯一的專長領域；T型人則是除了專精於第一領域，還具備廣泛吸收跨界知識的能力。而π型人除了專精於第一領域，還同時擁有第二和第三項專業技能，具有跨領域的觀察視角與經驗，能夠創造出相當於一般員工兩倍或三倍的價值。

你可能之前已經有過跨領域的經歷，也可能正在醞釀生涯的第一次轉型，或是你剛剛畢業，正準備從學校跨入你的第一個工作領域，無論如何，現在你已經具備了關於跨界思考的基本認知，你可以有意識地對自己的跨界行為進行規畫、預測、布局和管理。

其實，人生的每一次轉型都可能是一次跨界的契機，而每一次成功的跨界行為背後都有方法和技術來保障和支撐。這一章我們要與你分享這些實用的方法和分析工具，如果你正準備跨界，這或許可以幫助你確定適合的跨界方向；如果你仍打算在同一個領域長期堅持，我們也希望能夠幫助你確立適合長期發展的第一專長。

根據優勢與趨勢挑選第二專長

至於要如何挑選適合的第二專長，我們提供了兩條標準：

1 能夠幫助目前工作的核心專長（第一專長）增值或加分
2 優先選擇與新興科技或未來趨勢接軌的專長，隨時為未來
  的跨界或轉型做好準備

這兩條標準可以分別概括為「優勢」與「趨勢」。對大部分人來說，優勢一般來自於目前的工作，必須在工作中學習、培養和鍛鍊核心優勢。在選擇第二專長時，一定要能與你的核心優勢相結合，為你的第一專長加分，否則顯示不出其價值。而選擇與新興科技和未來趨勢接軌的專長，這樣做的好處是，可以為未來的跨界打下基礎。

如果你的第一專長正處於夕陽產業（在極具變化的年代，誰能保證今天蒸蒸日上的事業，明天不會變成夕陽產業呢？），或者你的公司面臨倒閉、裁員（我們當然希望這樣的事情永遠都不會發生），不用擔心，因為你已經做好了布局。你的人生一直在打造競爭力的組合。你的第一專長提供當下的競爭力，而與趨勢接軌的第二專長，則儲備未來的競爭力。

我自己的職涯經歷也是不斷的選擇與設定第一專長和第二專長的過程。90 年代我在台灣中油公司做研發，石油工程、流體力學是我的核心專長，當時我的第二專長是電腦操作能力。那時候，新竹科學園區和工研院有很多留美歸來的碩博士研究員，但他們都還不熟悉當時新出現

的 Word、Excel、PowerPoint 這些實用的 Office 工具。那時候的老陳還是「小陳」，僅僅只是碩士，但由於對 Office 有非常深入的研究和熟練的操作，所以在 90 年代因身體因素離開中油時，仍能夠順利轉換跑道，進入 Office 培訓領域並出版相關書籍。

在那個時期，我不僅擔任工研院、科學園區多家公司的電腦講師，幾年內也寫了二十四本電腦應用軟體的工具書。主要原因就是，當時的 Office 專長，雖然在中油只是第二專長，卻對我的研究工作增加許多效率和績效。離開石油公司後，第二專長馬上變成第一專長，而且幾乎是無縫接軌。

2000 年之後，知識管理成為我的第一專長，有關知識管理的書籍還得到金書獎的肯定。當時我已經意識到，未來知識管理一定要和創新連結起來，因為在現今的時代，光是擁有知識，不一定能帶來競爭力，反而可能會遏制創新。因為趨於保守，而導致落後，在企業界和學術界這樣的例子屢見不鮮。所以我把創新研究作為自己的第二專長，逐步踏上跨界之路。

你自己或你身邊的人，是否也有類似的經驗？其實，專業設定與轉型很簡單，只要記住這兩句話：

用你的優勢，接軌未來的趨勢；
現在工作的第二專長，可能就是下個工作的第一專長。

那麼，要如何識別自己的優勢呢？我們將在下一節中詳細介紹。

利用優勢轉型矩陣
設定自己的轉型策略

　　首先提供一個重要工具——優勢轉型矩陣。矩陣的 X 軸、Y 軸分別由「原地轉型—前瞻轉型」與「劣勢轉型—優勢轉型」構成。下面分別說明：

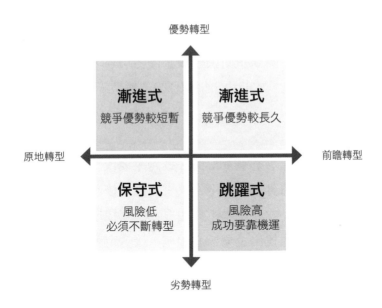

優勢轉型

| 漸進式 | 漸進式 |
| 競爭優勢較短暫 | 競爭優勢較長久 |

原地轉型　　　　　　　　　　　　　　　　前瞻轉型

保守式	跳躍式
風險低	風險高
必須不斷轉型	成功要靠機運

劣勢轉型

▌圖 2-1　優勢轉型矩陣

原地轉型

指企業（也可以包括個人）在本業或相近的產業範圍內，選擇最有利、最有把握的方向轉型。

前瞻轉型

指企業（或個人）選擇朝向與趨勢和潮流接軌的產業或相關範圍轉型。

劣勢轉型

指企業（或個人）在經營困境時，為達成功轉型，必須重新設定主要與次要的競爭優勢，並積極進行教育訓練，培訓企業或個人的核心領域專長，才能開始進行轉型工程。劣勢轉型的轉型工程遠較優勢轉型要來得複雜且困難，除了需要重新檢視核心優劣勢外，還必須重新思考下一階段的競爭優勢所在，才能決定以何種方式轉型。

優勢轉型

指企業（或個人）在經營巔峰時，透過主要或次要的競爭優勢，達成漸進式轉型。企業可針對近五至十年來的幾個核心領域，分別條列出卓越績效、主要優勢、次要優勢，藉由自我診斷找出轉型方向。優勢轉型的首要任務，必須先找出企業核心領域，接著定義出核心領域的主要優勢和次要優勢，最後再根據主要優勢和次要優勢來決定原地轉型或前瞻轉型。

我們應該如何使用優勢轉型矩陣呢？在圖 2-1 中，X 軸、Y 軸劃分出了四個象限，代表四種不同轉型策略組合：

1　**漸進式前瞻轉型**：具優勢轉型條件，且選擇前瞻轉型，風
　　險較低，競爭優勢較長久

2　**漸進式原地轉型**：具優勢轉型條件，且選擇原地轉型，風
　　險較低，但競爭優勢較短暫

3　**跳躍式轉型**：僅具劣勢轉型條件，且選擇前瞻轉型，風險
　　極高，成功要靠機運

4　**保守式轉型**：僅具劣勢轉型條件，且選擇原地轉型，風險
　　較低，但必須不斷轉型

　　從轉型面臨的風險和產生的價值來看，最好的做法當然是未雨綢繆，在思考和準備轉型時，選擇由「優勢轉型」和「前瞻轉型」組合而成的漸進式轉型策略。

　　再來看看矩陣中其他象限。如果個人優勢一直貫穿於本業和相近產業，這種漸進式轉型的優勢比較短暫，因為你一直堅守的產業說不定哪天淪為夕陽產業，就會面臨「把所有雞蛋放進一個籃子裡」的風險。還有一種情況是被迫轉型，由於能力所限，不得不從一家公司離開，最保守和經濟的策略就是選擇同產業的公司，但是這樣就必須不斷地「轉」，因為你不知道自己可以在這家公司待多久（或是這家公司能撐多久）。由「劣勢轉型」和「前瞻轉型」組合而成的跳躍式轉型策略風險最大，你可能看到了物聯網、雲端運算、O2O的趨勢，但是你並不具備這方面的專長，此時的轉型就面臨很大的風險，要成功只能靠機會和運氣。

　　從中我們也能夠識別真正的創新者與投機者之間的角色定位差異。回想一下，在網際網路熱潮的風口，很多人並不具備相關的專業素養，

也沒有識別自己的優勢，就以劣勢對接趨勢，這就是典型的跳躍式轉型。在大潮過後、泡沫破滅之時，擱淺在沙灘上的有很多就是這種失敗的轉型者。我們需要避免這種轉型，並轉化為優勢對接趨勢的漸進式轉型。要明白，在風口上，豬雖能飛上天，但是豬畢竟沒有翅膀。

上述的轉型矩陣和轉型策略，不僅適用於職場，也適用於學習成長過程中的轉換專業。所以，如果你還是學生，或是考慮繼續深造、出國留學，不妨也利用這個優勢轉型矩陣自我分析診斷一下。

‖ 優勢轉型檢視表 ‖

要測試自己有沒有資格、有沒有資本轉型，想要搞清楚要往哪裡轉，我們建議使用「優勢轉型檢視表」來進行分析。如果已經有長期的工作經歷，就可以按照圖 2-2 的範本進行填寫，例如 1990 ～ 1994 年在製造產業，1995 ～ 1998 在半導體產業，1999 ～ 2001 在生物科技產業等。

如果資歷尚淺，一直在同一個單位，也可以細化時間和工作內容，例如在一年之內，1 ～ 4 月、5 ～ 9 月、10 ～ 12 月分別完成了什麼項目；如果還在學，也可以寫自己的學習履歷，在中學、大學、研究所期間參加過什麼課程、社團活動，以及兼職、實習的經歷。只要是有意義、有收穫的一段經歷，都符合表中對於「核心領域」的定義。

在確定時間和核心領域之後，你需要寫出在這段時期取得的卓越事蹟，這裡有一些參考指標，如獲得獎項、獲得證書、獲得認證、發表文章，乃至於獲得口頭表揚和肯定。整理出自己的卓越事蹟之外，還要分析背

後的成功要素，進一步列出自己的主要優勢是什麼、次要優勢是什麼。

接下來，我們要玩「連連看」，如果你在第一個領域的優勢能夠連接到第二個領域，就在圖上畫一條連結的箭頭，代表這是漸進式的優勢轉型。如果畫不出這條線，很可能代表那次的轉型屬於跳躍式的，你所跨的領域和之前的專長無關。

畫出關連圖，就可以清楚看到之前的轉型屬於哪一種策略，了解其中的風險與機遇，就可以做出調整和改善。

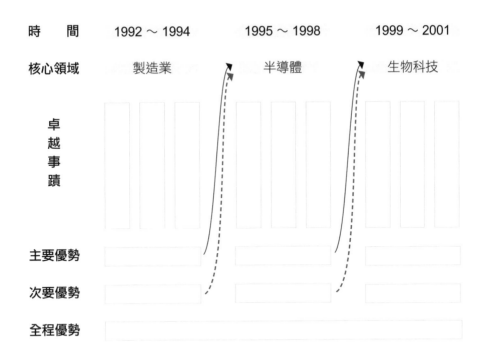

■ 圖 2-2　優勢轉型檢視關連圖

檢視一位資深職場人的 優勢轉型路徑

在對自己的轉型優勢進行檢視之後，對自己人生不同發展階段的優勢有了大致的了解，就可以進一步針對自己的核心專長進行規畫、布局和管理。

要檢視自己的核心專長是否隨時間成長，可以利用圖 2-3 的檢視表。圖表的橫軸是時間，縱軸是專長的列表。

時間 專長	1992	1993	1994	1995	1996	1997	1998	1999	2000	2001
專長 1										
專長 2										
專長 3										
專長 4										
專長 5										

▌圖 2-3　個人核心專長成長檢視表

1　先在縱軸依時間順序寫上個人的五大核心專長（若不足五項可以不用填滿）

2　填寫每一年該專長領域下的具體成果，每格最多寫三項即可（若無就留白）

3　檢視填寫的具體成果是否呈現「三角型」，是判斷是否為漸進型優勢轉型的重要參考

　　假設 1992 年是你職業生涯的第一年，從 1992 年開始擁有第一項專長。之後隨著職場年資增加，理當在每年都有學到新的專長、累積新的優勢，這不一定要在課堂上，在工作或專案實踐中，同樣可以獲得新的知識和技能。正如管理學大師彼得‧杜拉克（Peter F. Drucker）所宣導的，我們應該透過規律而有計畫的跨領域學習，成為強大的知識工作者。我們可以每年設置一個新的主題來學習，這也是杜拉克自我管理理論的重要內容。

　　有些人可能善於透過閱讀學習，有些人可能善於透過寫作和筆記學習，有些人在實作中學習，還有些人在聽課、反思、人際互動中學習，無論採取哪一種學習方式，理想狀態是在多年工作、學習之後，累積的具體成果能夠呈現一個三角型，即隨著工作年資增加，你的專長數量也同步提升，而且新專長的累積是建立在已有專長的基礎之上。

　　不要輕易放棄舊的專長，以我自己來說，當我開始做知識管理，第二年在知識管理的基礎上加入創新研究，形成知識創新面向；第三年在創新的基礎上加入跨界研究，並且和第一年的知識管理結合起來，形成跨界知識管理的新能力。如此一來，專業累積的每一步都建立在前幾步

成果的之上。

　　專長與成果是否呈現三角形，是判斷能否實現漸進式優勢轉型的重要參考。如果經過檢視之後，發現自己專業與成果在圖中並沒有呈現三角形，而只是一條直線，或是一個不規則的圖形，說明你還需要在個人核心專長管理方面應採取更積極主動的策略，盡快調整自己的專長優勢布局。此時，你應該要有更多的勇氣和好奇心去接觸一些新的領域。

如何運用九宮格盤點專業，
找出轉型方向？

　　第二章到此即將結束，我們已經談了個人跨界與轉型，該怎麼跨、怎麼轉。首先我們需要把自己認識清楚，有意識地培養第二專長，實施優勢轉型策略。我們也提供了許多參考工具，讓你清楚認識自己的強弱項、優缺點。利用這些工具進行測試和檢視，得到的結果可以相互比對和印證，讓你獲得對於自己人生道路的全面圖景。

　　最後，就以我的個人經歷作為轉型案例，再向讀者嘮叨幾句關於這本書的緣起。

　　我最初學習和從事石油工程，先後做過研發、資訊工程、培訓講師、公司顧問、大學兼職教授，身兼作家、演講家等多個角色，現在開始關注知識創新與思維模式。這些頭銜和經歷看似繁雜而跳躍，但是背後卻有一條跨界的暗線在牽引著。

　　我就利用到目前為止提到的工具來盤點自己、檢視自己，大家也可以仿照以下的步驟進行自我剖析。首先使用九宮格，在正中央寫上「盤點專業這條路」，周圍八格則寫上人生中的重要經歷與特質，我寫出了八個核心特質：石油、工程、研發、電腦、管理、科技、態度、意義。

下一步就以這八個核心特質，將九宮格拓展成八十一宮格。比如，我最初在在石油企業，從事鑽井、開採等方面的研發工作，這段和石油產業背景有關的八個關鍵詞，就寫在石油九宮格中。而工程背景讓我具備數學、邏輯、程式、流程等思維，就寫在工程九宮格中。在科技領域，面對數位化、虛擬化、雲端運算、大數據，我一直以開放的心態接受與學習，希望與時代接軌而不脫節。以此類推，將九宮格擴展並全部填滿。（圖 2-4）

鑽井	開採	電腦模擬	科學	數學	邏輯	品質	團隊	新知
汙染	石油	流體力學	人文	工程	程式設計	預測	研發	創新
天然資源	能源	國營企業	SOP	嚴謹	思考	數據	發表	論文
和藹可親	有溫度	有思想	石油	工程	研發	大學課程	程式	夢中解答
長者	意義	學者	意義	盤點專業這條路	電腦	寫電腦書	電腦	發現奧妙
理解	包容	尊重	態度	科技	管理	講師	網路行銷	Office
好奇心	學習新知	前瞻思維	網路	數位化	虛擬化	商業雜誌	虛擬團隊	講師層級
謙虛	態度	質疑	大數據	科技	十倍速	資訊管理	管理	資源整合
照亮下一代	創意	重專業輕人脈	雲端社群	科技創新	知識經濟	管理顧問	知識管理	科學思維

▌圖 2-4　從九宮格中圈選符合兩個核心價值軸的關鍵詞

特別要向讀者提示的是，你可能沒有「跨」這麼多「界」，你可能還是學生，缺少工作履歷，擔心九宮格填不滿，那麼，我們建議你可以用人生態度、意義、願景、夢想等前瞻性的積極概念來拓展九宮格。

比如，在我的九宮格中，態度便是其中一個核心特質。我是一個充滿好奇心的人，喜歡學習新知和前瞻的東西，不甘於一直留在原地；此外，我還是一個重專業、輕人脈的人，喜歡創新、創意，喜歡幫助下一代，這些屬於人生態度的關鍵詞就寫在態度九宮格中。

這就是我對於自己人生的盤點，也明確了自己一路走來所形成的舊框框在哪裡。

接下來，你要問自己，在未來的人生中，最重要的兩個核心價值是什麼。比如企業家最重要的兩件事可能是賺錢和社會責任，知識分子可能是追求真理、影響社會。不同的人肯定會有不同的取向。

對我來說，最重要的兩件事是「未來」與「熱情」。無論做什麼事，我都希望是做「有未來性的事」，而且是「有熱情的事」，就把這兩個核心價值分別作為 X 軸、Y 軸，形成一個座標。（圖 2-5）

這時候，再回到九宮格，從中挑出符合這兩個核心軸的關鍵詞，放入座標中，比如「有思想」和「有溫度」就較高地契合有熱情、有未來的要求，所以置於右上角。

接下來，我們做群組合併，如圖 2-5 所示，座標右上角的有思想、有溫度、照亮下一代，組合到一起，就是我所開發的另一套強調尊重、包容、理解的思考訓練課程「6D 思維」；座標左下角的電腦模擬、預測、前瞻思維、資源整合就是我一直關注的「科技思維」；而座標中間交叉部分，照亮下一代、前瞻思維、資源整合，合併在一起就是「跨界思考」，也就是呈現在大家面前這本書的緣起。

　　我從最初的工程出身，到完成這本《跨界思考操練手冊》，我並不是隨性地跳躍，而是經過系統性的思考而取得的成果。你也可以嘗試利用這些方法，走出人生的舊框框，打開新的視野。

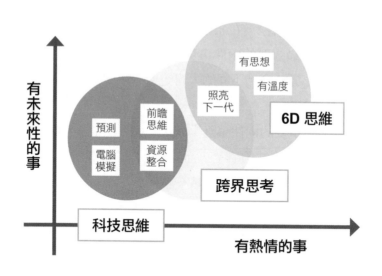

■ 圖 2-5　有系統地盤點自己之後，找出人生的方向

第 **3** 章

跨界
——釐清思維、混搭應用

邏輯有所本，創新天馬行空，跨界混搭邏輯與創新
打破有用無用、有關無關、是非成敗、對錯得失
連結（Connect）→鏈接（Link）→緊密鏈接（Interlink）
內界（Intra）→多界（Multi）→跨界（Cross）

診斷你的跨界潛力

在踏入跨界思考的世界之前，可以先利用下面的「跨界潛力自我檢視表」，了解自己在邏輯思維、創新思維、跨界潛力、多元思維、包容思維的強弱，以便在後續的學習中，針對自己的強項或弱項進行適性化的學習。

‖ 跨界潛力自我檢視表 ‖

第一項

請分析自己，你有以下這些習慣嗎？（單選，選擇「較接近」的選項即可）

問題	從不	很少	有時	經常	總是
1 被交付任務時，要先知道為什麼才安心					
2 遇到問題時，要打破砂鍋問到底					
3 相信眼見為憑，不相信空談夢想式的話					
4 相信科學，認為科學是最客觀的證據					
5 相信數據，理性的數據勝過感性的認知					
6 聯想力強，能舉一反三，想法源源不絕					
7 渴望接受新科技、新事物					
8 經常天馬行空地跳躍思考					
9 勇於嘗試，允許自己犯點小錯					
10 為了效率或偷懶，會嘗試尋找新方法					

11	我曾經待過多少家不同的公司？	1 家	2 家	3 家	4 家	≥5 家
12	我曾經參與過多少不同類型的專案？	2 個	4 個	6 個	8 個	≥10 個
13	我曾經擔任過多少不同頭銜的職位？	1 個	2 個	3 個	4 個	≥5 個
14	我曾經待過多少不同專業的部門？	1 個	2 個	3 個	4 個	≥5 個
15	我的職場生涯充實且多采多姿					
16	我關心政治、體育、八卦、時尚等時事					
17	我的工作性質有機會接觸各行各業的人					
18	我經常參與各種不同類型的聚會或社團					
19	我加入不少不同類型的線上群組或社團					
20	我對新鮮的人事物，充滿好奇心					
21	有些事可以睜隻眼閉隻眼，模糊以對					
22	我接受自己不完美，所以選擇放大優點					
23	我知道人都不完美，所以別太苛責別人					
24	我可以真心接受與我不同觀點的人					
25	工作氛圍，我喜歡快樂感，勝過壓力感					

第二項

以下的思考或管理工具，請勾選你的熟悉程度？

	沒聽過	聽過，但沒用過	用過，但不熟練	熟練，經常使用
PDCA 循環				
SOP 流程製作				
金字塔思考				
五個為什麼				
6W3H（或 5W2H）				
心智圖				
九宮格思考法				
六頂思考帽				
關連思考法				
逆向思考法				

說明：這不是一份經過信度、效度、常模設計的學術問卷，僅是我在跨界思考、創新思考、邏輯思考多年的培訓與
　　　輔導實務經驗下，為初探跨界思考的學習者設計的自我檢視題目。

填完上面兩個表格後，我們先來統計第一項的分數。第一份檢視表的二十五題，剛好分成五個群組，1 ～ 5 題是檢視邏輯思維、6 ～ 10 題檢視創新思維、11 ～ 15 題檢視跨界潛力、16 ～ 20 題檢視多元思維、21 ～ 25 題檢視包容思維。

　　每一題勾選從不、很少、有時、經常、總是，分別獲得 1、2、3、4、5 分。將五個群組的分數各自加總，再對照右頁表格的說明和提醒，了解自己五種思維的強弱，往下閱讀時，可以特別留意如何放大自己的強項，補強弱項。

　　至於第二份檢視表是要提醒讀者，前五個思考或管理工具（PDCA、SOP、金字塔原理、五個為什麼、6W3H）都是邏輯思考的常用工具，後五個（心智圖、九宮格、六頂思考帽、關連思考、逆向思考）則是創新思考的常用工具。如果有不熟悉的，不妨花些時間進一步學習，變成自己的常用且熟練的思考工具。

	邏輯思維	創新思維	跨界潛力	多元思維	包容思維
	1～5題 共_____分	6～10題 共_____分	11～15題 共_____分	16～20題 共_____分	21～25題 共_____分
21～25分 很強	太深信或太強調邏輯思維，容易阻礙非邏輯思維的接收	充滿對新事物的學習欲望，有很好的創新潛質	經驗廣度足，視野豐富，可輕鬆進入跨界思維	對周遭資訊接收度足，非常有利於跨界聯想	包容思維強度夠，可海納各種是非成敗對錯得失的聲音
16～20分 偏強	邏輯思維偏強，但需留意如何適度納入非邏輯觀點	創新思維偏強，可好好發揮自由思考的聯想力	整體職場經驗廣度偏強，有利跨界視野的廣度	對周遭資訊接收度偏強，有助於跨界聯想	包容思維偏強，有助於跨界聯想的範圍
11～15分 中等	對邏輯思維有一定概念，但還不至於會被束縛	對創新思維有基本潛力，但仍需積極讓思想外放	整體職場經驗廣度中等，應主動延伸接觸面的廣度	對周遭資訊接收度中等，加強後可增強聯想面	包容思維中等，應放下主觀和苛求，延伸跨界聯想面
6～10分 偏弱	邏輯思維偏弱，容易因忽視事實或科學證據而產生偏頗	創新思維偏弱，應勇於跳出思考的框框，尋求突破	整體職場經驗廣度偏弱，跨界視野受限	對周遭資訊接收度偏弱，聯想面容易受限	包容思維偏弱，跨界與聯想思維受限
1～5分 很弱	以系統化、科學化思考為基礎的邏輯思維薄弱	聯想力、接收新知的好奇心與學習欲望薄弱	接觸的公司、職務類型較貧乏，影響跨界的廣度	對周遭的非核心資訊接收度薄弱，影響多元思維	求完美、壓力大、主觀性強，嚴重局限跨界與聯想範圍

釐清邏輯思考、
創新思考與跨界思考

‖　從延長線談起　‖

請看圖 3-1，延長線六個孔已經插滿了五個，明明還有一個孔，但是插頭就是插不進去。要如何改進延長線的設計？

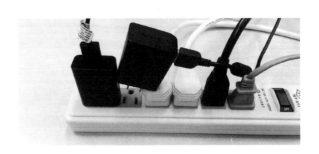

■ 圖 3-1　問題：如何解決延長線插座間距太短的問題？

邏輯思考的解法

邏輯思考是一種線性思維，以邏輯思考的解法，如果延長線插座間距太短，就應該加大距離，所以我們會發現很多延長線越做越長。你在購買延長線時，是不是也傾向於越長越好呢？

創新思考的解法

創新思考是一種非線性思維，以創新思考的解法，如果延長線插座間距離太短，我們不必在長度這一維度上拉長，而是可以將同一平面的思維拓展為不同平面，這樣就有了旋轉插座的設計（圖 3-2）。

▌圖 3-2　創新思維：從同一平面拓展到不同平面來思考

跨界思考的解法

跨界思考則是一種立體思維，當你運用跨界思考，思考將不會局限在延長線。舉例來說，你不經意看到一個人正在玩魔術方塊，因為你滿腦子都在想延長線的問題，這時，你的靈感突然來了——延長線也可以像魔術方塊一樣有六個面！不用延長插座，也不用旋轉插座，而是設計成正方體，讓多個插頭從此不再互相妨礙（圖 3-3）。

▌圖 3-3　跨界思維：在無關的魔術方塊刺激下，發現新靈感

‖ 跨界思考的特徵 ‖

這就是跨界思考的妙處，答案的靈感往往來自起初沒有想到的領域。

邏輯思考是一種線性的、垂直的、縱向的、收斂式的思考，總是在問為什麼，要求每一件事情都要有理有依據、有因果。創新思考是一種非線性的、水平的、橫向的、發散式的思考，沒有那麼多的為什麼，鼓勵天馬行空和發散跳躍。而跨界思考不再局限於線性或非線性，它是一種立體的思考，是跳出框框外的思考。跨界思考的答案可能存在於你關注的領域之外。

關於這一點，哈佛大學教授保羅‧瓦茲拉威克（Paul Watzlawick）、約翰‧威克蘭（John Weakland）和理查‧費雪（Richard Fisch）合著的《Change 與改變共舞：問題如何形成？如何突破和有效解決？》一書中也有類似的闡述。書中指出，在日常生活中，那些合乎邏輯與常理的思維與行為方式確實是一種解決之道，然而，有時候中規中矩的做法反而導致失敗；相反的，那些不合邏輯、非理性的行動反而使情勢的變化一如所願。

當邏輯與常理行得通時，問題固然可以迎刃而解，但是誰沒有經歷過按牌理出牌，卻越陷越深的困境？另一方面，我們也偶爾會在進退兩難之際，碰到某種不合邏輯卻神奇有力的變化。

跨界思考是兼具收斂與發散的技術與藝術，初期是先發散再收斂的過程，熟練之後，你可以在發散和收斂之間收放自如，從「沒有為什麼」到「發現為什麼」，從「無關」中發現「有關」。跨界思考超越邏輯思考和創新思考，將兩者交錯、混搭，直到融為一體。

邏輯思考	創新思考	跨界思考
線性思考	非線性思考	**立體思考**
垂直思考	水平思考	**框框外思考**
收斂思考	發散思考	**初期：先發散思考，再收斂思考** **成熟期：發散與收斂的循環思考**
總要問出為什麼	沒有那麼多為什麼	**從沒有關連到發現關連** **從沒有為什麼到發現為什麼**
有依據、有因果	天馬行空、跳躍思考	**超越邏輯思考與創新思考** **將兩者交錯、混搭、融為一體**

▌圖 3-4　比較邏輯思考、創新思考與跨界思考的特徵

利用跨界思考，
發現問題的創新解決方案

　　從跨界思考的特徵中，我們可以看到，在開始運用跨界思考的初期階段，仍是先發散再收斂的過程。下圖是跨界思考的基本模型，清楚呈現出跨界思考的四個關鍵步驟：

1　建立思考目標或問題主軸

　　先設定思考的目標或問題的主軸，才能讓跨界過程中所有關連思考和發散思考的產出，都聚焦到解決問題的方向。

2　多元學習、多元接觸

　　讓自己跨界思考的過程不設限，打破有用無用、有關無關、是非成敗、對錯得失的界限，利用各種刺激物（輸入），不設限地進行關連思考和發散思考（輸出）。

3　刺激連結、收斂聚焦

　　將各種刺激物和經過關連思考、發散思考的產出，都納入收斂思考的範圍後，針對一開始設定的問題，進行收斂思考。

4　新發現、新解答

　　因為聚焦在思考的目標或需要解決的問題，所以在跨界思考過程中

產出的所有發散觀點、收斂觀點，在這一步必須經過系統性的統整，看看是否有機會激盪出新發現、新解答。

從下一章開始，我們就要來實際進行跨界思考的演練，我們會一一分解關鍵步驟和相關的模型、工具，就先從最基礎的發散思考和收斂思考開始。

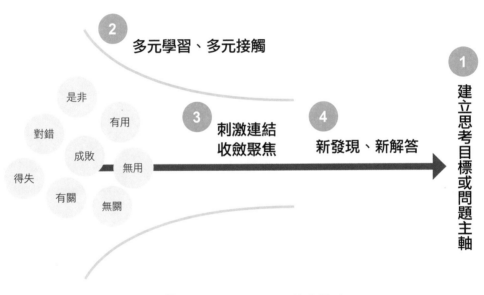

▌圖 3-5　跨界思考的基本模型

第 **4** 章

散聚
——發散關連、收斂聚焦

先自由自在地發散，再有系統地收斂聚焦

從發散思考中跳脫原框框

從收斂思考中發現新框框

聚散交錯、混搭、融合

從關連思考、
發散思考到收斂思考

當你進入本章時，我們強烈建議你按照章節順序閱讀。因為從本章開始，我們將按照跨界思考的演練步驟依序講解說明，我們會提供必要的工具，也會舉出範例參考，讓你進行練習。讓我們一起完成這一段不一樣的跨界學習之旅吧。

幾年前，我應邀到慈濟大學演講跨界思考時，就以該校的校徽為例開始發想。憑直覺，從這個校徽中，你看到什麼？我首先想到了花，由花想到美，由美想到心，由心想到愛，由愛想到善。如圖 4-1，這是一種線性思考。

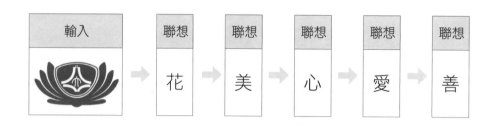

■ 圖 4-1　線性關連思考法

我們再繼續用慈濟大學校徽的例子做進階思考，我們要讓「花」、「美」、「心」、「愛」、「善」每一個事物再發散出四個新的思考。「花」我聯想到蓮、草、對稱、呼吸；「美」我聯想到舒服、柔和、化妝、潔白；「心」我聯想到醫學、心法、動力、引擎……如圖 4-2，這是在線性思考的基礎上進行發散思考。

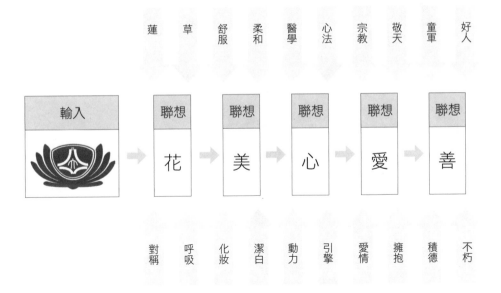

■ 圖 4-2 　進階關連思考法：在線性關連思考的基礎上，逐一進行發散思考

我們再試著更進一步。剛才的思考都是平行遞進式的思考，從 A 推到 B、從 B 推到 C、從 C 推到 D……典型的邏輯思考。現在，我們來試一試直接進行發散思考。比如，我從慈濟大學校徽分別聯想到「綠」（校徽的顏色）、「潔白」（蓮花的意象）、「人」（校徽中有一個人）、「天地」（天、地、人的寓意）、「守護」（托舉的動作）。

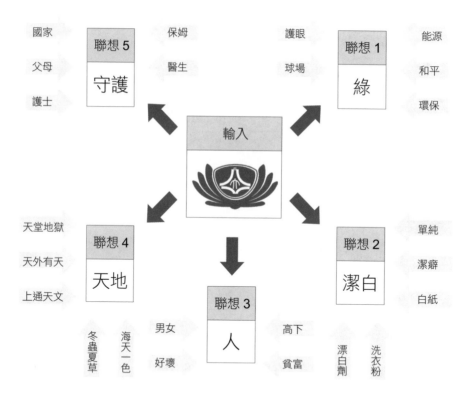

國家　　聯想5　　保姆　　護眼　　聯想1　　能源

父母　　守護　　醫生　　球場　　綠　　　和平

護士　　　　　　　　　　　　　　　　　　環保

　　　　　　　　　輸入

天堂地獄　聯想4　　　　　　　　　聯想2　單純

天外有天　天地　　　　　　　　　　潔白　潔癖

上通天文　　　　　　　　　　　　　　　　白紙

冬蟲夏草　海天一色　男女　聯想3　高下　漂白劑　洗衣粉

　　　　　　　　　好壞　人　　貧富

■ 圖4-3　發散關連思考法：在發散思考的基礎上，再逐一進行發散思考

74

然後在發散的基礎上再進行發散思考，從「綠」我聯想到球場、護眼、能源、和平、環保；「潔白」我聯想到洗衣粉、單純、潔癖、白紙、漂白劑；「人」我聯想到男女、好壞、貧富、高下……如圖 4-3。

當然，我們不可能無限地聯想下去，發散到一定階段，就要開始收斂。從圖 4-3 的發散結果，我們來試著做群組收斂。比如說，我從醫生、冬蟲夏草和好壞，聯想到「健康」；從上通天文、高下和潔癖（道德標準高），聯想到「哲學家」。

從上面的練習，我們可以看到，不管發散思考或收斂思考都帶著強烈的個人經驗與個人體驗，和每個人的知識基礎有關。每個人的知識基礎不一樣，發散時想到的東西不一樣，收斂後得到的東西也不一樣，這並沒有對錯，但我們可以思考，如何善用不同的思考者或思考團隊，以發揮出不一樣的結果。

從發散到收斂這兩階段思考過程中，就算你每一次聯想都是一板一眼，處處都要有根據、甚至都要有為什麼的邏輯思考，仍有可能在收斂思考後發現，你得到的結果已經遠離了原來的思考起點──慈濟大學校徽。當然，如果你在聯想過程中，刻意讓自己天馬行空，加入跳躍式聯想，收斂後的結果，將會有更大可能的跨界發現。

從下一節開始，我們要介紹發散思考和收斂思考的具體技術和工具，讓你在進行相關思考時更加得心應手。

利用發散思考工具，看見跨界的影子

請各位讀者回想，你在第一章填寫人生九宮格時，是否覺得九宮格填不滿，想不出還有什麼內容可以填入，還是你完全沒有這些問題，很快就填完了？這就是發散思考能力的差異。下面，我們將介紹幾種重要的發散思考工具，為你的發散思考能力加值。

‖ 九宮格法 ‖

在運用九宮格法時，我們在九宮格的正中央寫上主題，然後在周邊的格子中進行發散思考或依序紀錄。例如，在「生涯規畫」中，就可以利用發散思考，在周邊的格子填入工作、家庭、學習等；但是在「一週計畫」中，因為週一到週日有時間順序，因此應該依序寫上週一到週日，以及備忘，接著才進行發散思考，將九宮格拓展成八十一宮格。

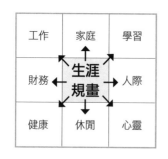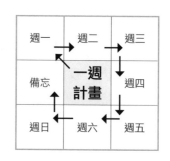

■ 圖 4-4　發散思考工具 1：不同用途的九宮格法

‖ 心智圖法 ‖

　　心智圖法是東尼‧博贊（Tony Buzan）發明的思考工具，從核心關鍵字以輻射形式連結所有相關概念或事項，是表達發散性思維的有效視覺化工具。現在有很多優秀的心智圖軟體，如 Mindmanager、Xmind、FreeMind，並成為很多人電腦上的必備。心智圖法的經典應用場景就是做讀書筆記和課堂筆記。書籍的章節和文字編排是線性的，但是很多時候書中傳遞的思想並不是線性的，因此我們可以使用心智圖，對書中的觀點進行整理和構建。

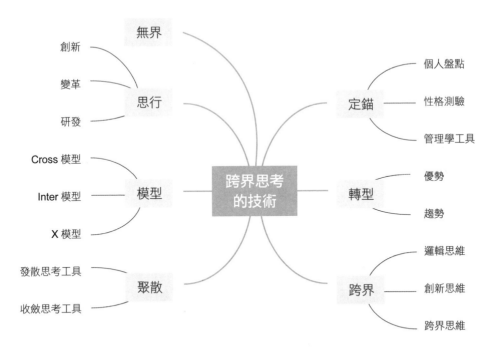

▌圖 4-5　發散思考工具 2：心智圖法

‖ 六頂思考帽 ‖

　　六頂思考帽是愛德華・狄波諾（Edward de Bono）開發的思考工具，分別用六種不同顏色的帽子代表六種不同的思維模式，任何人都有能力使用以下六種基本思維模式：

1　白色思考帽：白色代表中立而客觀。戴上白色思考帽，我們關注的是客觀的事實和實證的資料。

2　綠色思考帽：綠色代表茵茵芳草。戴上綠色思考帽，我們要發揮創造力和想像力，做創造性思考、腦力激盪、求異思維。

3　黃色思考帽：黃色代表價值與肯定。戴上黃色思考帽，我們從正面考慮問題，表達樂觀的、滿懷希望的、建設性的觀點。

4　黑色思考帽：黑色代表質疑與批判。戴上黑色思考帽，我們可以帶著質疑的眼光，合乎邏輯地進行批判，盡情發表負面意見，找出邏輯上的錯誤。

5　紅色思考帽：紅色是情感的色彩。戴上紅色思考帽，我們可以表現自己的情緒，表達直覺、感受、預感等方面的看法。

6　藍色思考帽：藍色是天空的顏色。戴上藍色思考帽，我們必須綜觀全局，控制各種思考帽的使用順序，客觀地規畫和管理整個思考過程，並負責做出冷靜沉澱後的結論。

白色帽子	關注事實和資料 「我們有哪些資料？」	關注負面因素 「這真的可行嗎？」	黑色帽子
綠色帽子	做創造性思考 「還有其他想法嗎？」	以直覺和感受判斷 「我覺得……」	紅色帽子
黃色帽子	關注正面因素 「我們可以得到什麼？」	綜觀全局 「所以我們的結論是……」	藍色帽子

▍圖 4-6 發散思考工具 3：六頂思考帽

實際應用時，我們要依據情況調整帽子的使用順序，比如，先戴上白色帽子，陳述問題、描述現象；再戴上綠色帽子激發創意、提出方案；戴上黃色帽子找出方案的優點，戴上黑色帽子質疑方案的缺點，然後戴上紅色帽子以直覺判斷。最後戴上藍色帽子總結討論結果，做出決策。

讓思考更全面的新工具

前面介紹的九宮格思考法、心智圖法和六頂思考帽都是經典的發散思考工具，額外再為大家介紹兩套新工具，分別是由陳龍安教授研發的「彩虹思考法」，以及老陳的「6D 思維工具箱」。

‖ 彩虹思考法 ‖

彩虹思考法有點類似六頂思考帽，以彩虹的七種顏色，加上黑白兩色，代表九種不同的思考模式。你可以依序使用這九種顏色思考，每次使用一種顏色；也可以隨機或特定挑選其中幾種顏色。

使用時有一些原則需要注意：

1　**集中焦點**：每次使用一種顏色思考，聚焦於探討目標。
2　**隨時轉換**：可以依情況隨時更換顏色思考；當思考陷入瓶頸時，就立刻轉換顏色。
3　**結合他法**：可以結合其他思考工具一起使用，例如九宮格法、心智圖法、腦力激盪……

4 彈性使用：可以團體使用，也可以個人使用，適用於口頭討論或書面撰寫。

5 回到原點：思考時盡量回到原點，一切以人為本，保持正向意念。

6 快思慢想：先利用發散思考，快速列出各種顏色思考的結果，再運用收斂思考或邏輯思考，進行詳細的評估，歸納出結論或抉擇。

顏色	思考模式	思考含義	思考問題
紅色思考	情緒思考	熱情感受	「對這件事有什麼感覺？」
橙色思考	觀察思考	釐清事實	「如何蒐集資料、釐清事實？」
黃色思考	正面思考	肯定價值	「這件事的好處是什麼？」
綠色思考	創新思考	異想天開	「這件事可以怎麼改變？」
藍色思考	前瞻思考	提升層次	「這件事未來會如何發展？」
靛色思考	重新思考	沉澱再議	「這件事要如何重新思考？」
紫色思考	權威思考	專業評估	「這件事要如何評估？」
白色思考	系統思考	化繁為簡	「這件事如何化繁為簡？」
黑色思考	批判思考	缺點負面	「這件事的缺失是什麼？」

‖ 6D 思維工具箱 ‖

6D 思維是我多年探索的一門「向不一樣學習」、「向錯誤學習」的正面思考術。

6D 是指寬度、高度、深度，過去、現在、未來。心有「寬度」，才能尊重不同聲音；心有「高度」，才能包容不同世代；心有「深度」，才能理解不同答案；能謙遜面對「過去」者，必能彎腰傾聽；能平衡活出「當下」者，必懂得失取捨；能樂觀面對「未來」者，必能知足幸福。6D 思維可以應用在延伸思考的寬度、高度、深度，突破思考的瓶頸，也是一種自我修鍊，因此對於人際溝通、創新思考和幸福人生都有很大的助益。

我為 6D 思維研發了一組工具箱，包含相對論、格局論、洞悉論、自否論、開放論和智慧論。一件原本看似不對、錯誤或正在批判的人事物，運用 6D 思維工具箱慢慢解析之後，就有機會發現新思維、新觀點，進而看見錯中對、非中是、失中得或敗中成。

學習 6D 思維，你將懂得尊重不尊重你的人、包容不包容你的人、理解不理解你的人，當你能夠包容對立時，就已經往一流人才的修鍊路上踏出一大步了。

6D 思維心法	6D 思維工具箱	6D 思維工具用法
寬度 （延伸對的寬度）	相對論： 你對，或許對方也對	先假設自己的對不是唯一的
高度 （站在高處檢視）	格局論： 跳出你和對方的立場	以旁觀者的立場去了解各自的道理
深度 （連問五次為什麼）	洞悉論： 深度探索對方的原因	問為什麼，探索對方可能對的答案
過去 （拋開以往的定見）	自否論： 直接假設自己是錯的	放下自己的對，並假設自己是錯的
現在 （廣納不同的見解）	開放論： 讓你我他的正反聲音都出現	廣納彼此和自反／他反彼此的聲音
未來 （正面思考新結論）	智慧論： 共識最大化、衝突最小化	求同存異：交集優先，聯集次之

利用收斂思考工具，
發現跨界的機會

下面我們來介紹兩款收斂思考的工具。我們目前蒐集到的經典收斂工具要比發散工具少，或許也是比較符合「收斂」這個字眼吧。

‖ 檢核表法 ‖

檢核表法是腦力激盪法發明人艾力克斯‧奧斯朋（Alex Osborn）所開創的技巧。我們在思考一個問題時，可以利用檢核表逐一評估各種可行性。圖 4-7 是一場活動的檢核表範例。

‖ 奔馳法 ‖

美國心理學家鮑伯‧伊瓦爾（Bob Eberle）參考艾力克斯‧奧斯朋的檢核表，發展出另一種名為奔馳法（SCAMPER）的檢核表法，經常運用在制度與產品的改善。透過七個切入點——替換（Substitute）、整合（Combine）、調整（Adapt）、修改（Modify）、其他用途（Put to other uses）、消除（Eliminate）與重組（Rearrange）來檢核新構想，見圖 4-8。

檢核項目	負責人	檢核結果	
		符合	待改進
1 貴賓邀請卡是否已印製			
2 各處室工作是否已分配			
3 司儀人選是否已確認			
4 開場致詞否已確認			
5 活動會場是否已布置			
6 紀念品是否已準備			
檢核人： 日期：			

▌圖 4-7　收斂思考工具 1：檢核表法

替換（Substitute）	什麼可以被取代？
整合（Combine）	哪些可以合併成為一體？
調整（Adapt）	是否有需要調整的地方？
修改（Modify）	是否可以改變某些特質，如顏色、聲音、形狀等？
其他用途（Put to other uses）	是否有其他非傳統的用途？
消除（Eliminate）	是否可以濃縮或省略某些部分，讓整體更完備、精緻？
重組（Rearrange）	是否可以重組或調整順序？

▌圖 4-8　收斂思考工具 2：奔馳法

如何尋找
跨界思考的起點？

　　在跨界思考的第一步，有些讀者可能會面臨把握不到起點的問題。針對這個問題，我們教大家以下方法。第一種方法是「刻意」選擇。你打開報紙、電視、廣播、網頁、臉書、推特、LINE，把看到的時事、科技、人文、自然、政治、經濟、社會百態，當成跨界思考的起點。

　　第二種方法是「隨機」選擇。如果實在不知道從哪裡開始聯想，你還可以這麼設定：

1　現場：抬頭看到什麼，就由此開始聯想
2　出門：出門看到第三個路人，從他的外表、穿著打扮開始聯想
3　上網：上網看到第三條新聞標題是什麼，由此開始聯想
4　翻書：翻開書（或字典、課本、雜誌……）看到第十頁第二行第五個字是什麼，由此開始聯想
5　對話：聽到對話，有哪一句話打動你，由此開始聯想
6　回憶：回想十六歲那年最難忘的經歷，由此開始聯想

透過這樣的練習，你會發現，選擇跨界思考的起點並不難。

如何自由地進行
跨界發散思考？

接下來，你可能會遇到如下問題：不知道該如何發散，或是覺得發散的結果數量不夠多，或是覺得發散的結果不合意、沒把握、心虛等。為此，我們提供了二十四套聯想技巧。

1　快思／慢想：快思是第一時間直覺上想到什麼；慢想是根據經驗、知識，理性上想到什麼

2　邏輯／創新：邏輯是有因果，可解釋；創新則是自由聯想，天馬行空，可跳躍

3　批判／附和：批判是從質疑、反對立場切入思考；附和是從支持、贊同角度切入思考

4　正面／負面：正面是從接受、機會切入思考；負面是從拒絕、危機切入思考

5　開放／封閉：開放是不設限地往外擴展思考；封閉是在自我設限之內思考

6　系統／局部：系統是以同一體系內組成元素來思考；局部是在某個範圍內來思考

7　巨觀／微觀：巨觀是以較大的格局和高度來思考；微觀是聚焦某個微小細節來思考

8　框內／框外：在劃定的框框內思考；跳出既定的框框外思考

9　假設／實證：以尚未發生的假設狀況來思考；以親眼所見或實證結果來思考

10　科學／人文：以科學思維進行邏輯、推理思考；以人文觀點進行軟性、感性思考

11　局內／局外：在劃定的格局或組織內思考；跳出既定的格局或組織外思考

12　理性／感性：拋開情緒，以客觀、整體來思考；以情緒或感受為出發點思考

13　時間／空間：從與時間有關的角度思考；從與空間有關的角度思考

14　拆解／組合：以拆解式的角度切入思考；以組合式的角度切入思考

15　前向／後向：以時間前推（未來、下一步）切入思考；以時間後移（過去、上一步）切入思考

16　上推／下推：以階段或層次上移切入思考；以階段或層次下移切入思考

17　淺層／深度：以表象的所見所聞進行淺層思考（不一定是事實）；以深入問題或現象的本質，進行深度探索式的思考

18　形狀／色彩：從與形狀有關的聯想來思考；從與色彩有關的聯想來思考

19　聲音／味道：從與聲音有關的聯想來思考；從與味道有關的聯想來思考

20 是非／善惡：從與價值觀判斷相關的是非、善惡角度切入
思考

21 往／今／來：從與時間相關的過去、現在、未來角度切入
思考

22 點／線／面：從與空間相關的點、線（軸）、面（象限）
角度切入思考

23 你／我／他：從與人際相關的你（們）、我（們）、他（們）
角度切入思考

24 身／心／靈：從與生理、心理和靈性角度切入思考

不妨現在就做一個練習吧，可以參考第 92 頁圖 4-9 的範例，隨機把
你看到的東西當作跨界思考的起點。按照上面的技巧進行發散思考，你
的思路是不是一下子開闊起來，得到不少結果呢？

如何有系統地進行
跨界收斂思考？

發散和收斂一向是一同出現的，我們也相對應地提供了二十四種跨界收斂技巧：

1 **取代與替換**：如何以創新的解決方案取代、替換這些發散的成果？

2 **合併與組合**：如何合併、組合發散的成果，成為具創新思維的發現？

3 **微調與改寫**：如何微調、改寫發散的成果，成為具創新思維的發現？

4 **修正與精進**：如何修正、精進發散的成果，成為具創新思維的發現？

5 **更新用途或功能**：如何更新發散的成果，成為創新的用途或功能？

6 **刪除與排除**：在創新思維下，哪些發散的成果可以刪除或排除？

7 **重組與反向**：這些發散的成果是否可以重組或反向運作？

8 **為什麼出現**：這些發散的成果會一起出現的原因為何？

9 **可以做什麼**：這些發散的成果可以做些什麼？

10　何時會出現：這些發散的成果會一起（或依序）出現的時機為何？

11　哪裡有這些：在哪裡可以看到這些發散的成果？

12　誰來做這些：這些發散的成果可以交由誰來執行（或創造）？

13　為誰做這些：這些發散的成果可以為哪些人而執行（或創造）？

14　如何使用：當這些發散的成果群聚一起，可以如何使用？

15　需要多少錢：要多少經費才能讓發散的成果得以執行（或創造）？

16　需要多少人：要多少人力才能讓發散的成果得以執行（或創造）？

17　進入封閉系統：發散的成果屬於哪一個封閉系統？

18　虛實轉移：讓發散的成果進行實體與虛擬之間的轉換

19　求同求異：在發散的成果中找出相同點與相異點

20　聚焦目標：將發散的成果聚焦在如何達成目標

21　聚焦正面：將發散的成果從正面思考來收斂

22　聚焦負面：將發散的成果從負面思考來收斂

23　聚焦趣味：將發散的成果聚焦在如何產生趣味點或創新點

24　知識金字塔：將發散的成果以知識金字塔，從資料、資訊、知識、智慧來提升思考

我為發散思考與收斂思考製作了兩張練習表，讓學生們練習上述各種技巧。以下是 EMBA 學生——一位父親完成的範例，他看見桌上的檯燈，便以檯燈為刺激點，開始進行發散思考。

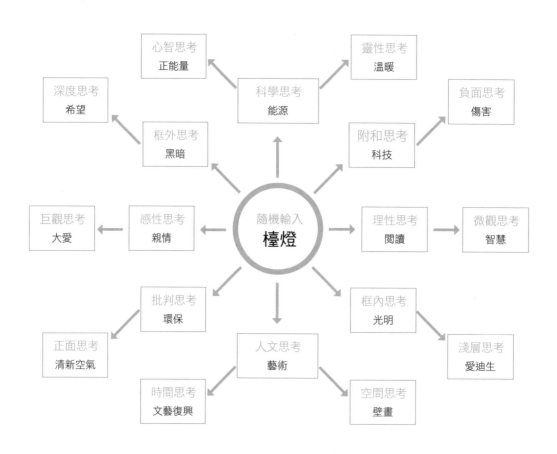

■ 圖 4-9　綜合各種發散思考技巧的練習範例

在進行收斂思考時，由於家中有個就讀小學的女兒，他聚焦在如何讓親子關係更好。

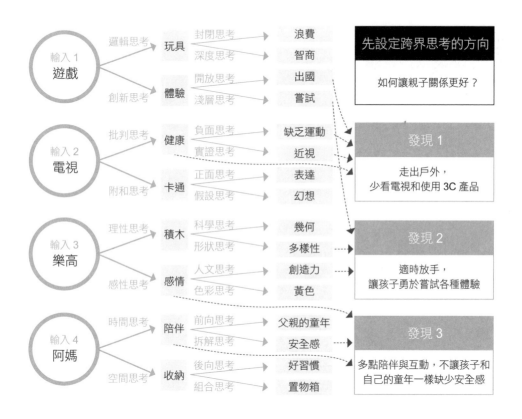

■ 圖 4-10　先設定問題，再進行發散與收斂思考的練習範例

第 5 章

模型

——跨界模型、跨界創新

在無關中發現有關，在沒為什麼中找出為什麼

Cross 模型：主軸明確，跨界刺激，聚斂主軸

Inter 模型：主軸為本，跨界刺激，擴張主軸

X 模型：不設主軸，自由聯想，爆發新機

如何以 Cross 模型
發現創新解決方案？

在這一章中，我們將說明跨界思考的三大核心模型。首先是 Cross 模型。

Cross 模型的特點是主軸明確，堅定地指向我們想要解決的問題。使用這個模型來進行跨界思考，就是為了找到問題的答案或解決方案。在 Cross 模型中，前期的輸入與輸出可以隨意發散，可以偏題、不受限制，但是從輸出轉化為發現時，就一定要聚焦於主軸。也就是說，從發散聯想得到的輸出，經過收斂聚焦，得到的發現、結果或解決方案，都要指向問題的答案。

如圖 5-4，Cross 模型的形狀就像一個漏斗，因此我們可以也可以稱之為跨界思考的「漏斗模型」。

我們把 Cross 模型的要點按照思考的步驟，概括為主軸明確、跨界刺激、聚斂主軸。主軸貫穿始終，所以我們以「Cross」作為這個模型的名稱，除了希望將各種輸入、輸出交會刺激後，獲得新發現之外，也代表這是進行跨界思考時最常被使用的模型。

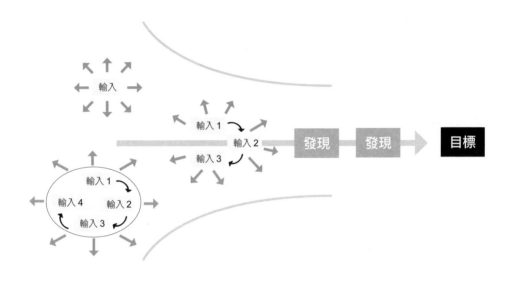

▍5-1　Cross 跨界思考模型：主軸明確，跨界刺激，聚斂主軸

如何以 Inter 模型
發現創新解決方案？

　　Inter 模型建立在 Cross 模型的基礎上，一樣帶著問題進行思考（有主軸），但是得到的發現可以偏離主軸。答案或許無法滿足我們一開始的問題，卻有了意外或不一樣的發現。這個模型告訴我們，當得到的發現偏離主軸，我們可以暫時放下原先的問題，往新的主軸方向去思索。

　　偏離，不代表我們不再處理一開始設定的主軸，而是鼓勵跨界思考者珍惜當下的靈感，擁抱當下的發現。這就像某個經典的表述——當主軸明確且我們聚焦於主軸時，我們明確知道自己不知道什麼；而當我們偏離主軸，而有了新發現時，可能達到了「不知道自己不知道什麼」的境界。如果我們可以敞開心胸，放開雙手，允許發現偏離主軸，或是主動擴張主軸，很可能會得到意想不到的結果與價值。

　　如圖 5-2，Inter 模型的形狀很像傳統童玩扯鈴，因此可以稱之為跨界思考的「扯鈴模型」。我們把 Inter 模型的要點概括為主軸為本、跨界刺激、擴張主軸。在 Inter 模型中，發現是游移的，並不拘泥於主軸，所以我們強調「inter」的關鍵字，也鼓勵跨界思考者，除了在主軸上堅定，也能夠不設限地外放自己，去抓取各種天外飛來的靈感，真正做到連結、鏈接，到環環相扣的緊密鏈接。

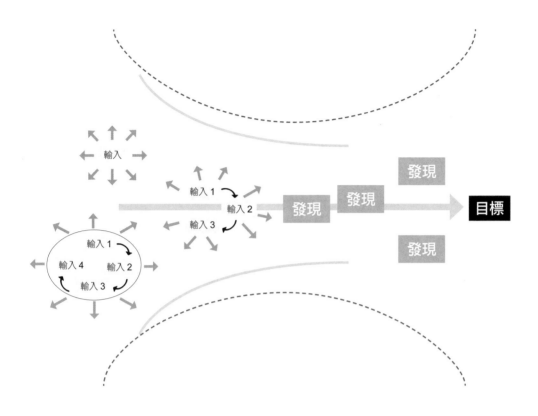

■ 圖 5-2　Inter 跨界思考模型：主軸為本，跨界刺激，擴張主軸

　　其實，這種模式在歷史上十分常見，我們常說「無心插柳柳成蔭」、「誤打誤撞」，描述的就是這種狀態。我們或許不能奢望「種豆得瓜」，但是只要辛勤耕耘思想田地，或許還能挖出特別的寶藏。

　　我們就來看看科學史上的這一類成就，瞧瞧有多少諾貝爾獎是由於「偏離主軸」而獲得的！

威而剛的發明原本是為了解決心絞痛的問題，利用藥物改善心臟冠狀動脈循環，增加含氧血液的供給，但是卻增加了其他部位的血流量，而這個發現被敏銳地捕捉到，並用來解決其他問題。

　　發現青黴素的亞歷山大‧弗萊明（Alexander Fleming）本來是想培養一種細菌，結果沒蓋好培養皿的蓋子，靠近窗戶的實驗細菌被窗外的青黴孢子感染了，但是他並沒有丟棄這個「失敗」的樣品，而是進一步觀察實驗，從而發現了青黴素，並因此獲得諾貝爾獎。

　　發現 X 光的威廉‧倫琴（Wilhelm Conrad Röntgen）本來是在測試陰極射線，當他在真空玻璃管裡通電流時，為了不讓產生的光線干擾他的工作，他用厚紙將玻璃管包起來。雖然光線未穿透厚紙，但是附近的鉑鋇銀幕卻出現亮光，就這樣發現了 X 光。命名為 X 光，也是來自於倫琴對這種射線的未知。倫琴用這種射線拍攝了他夫人手掌的照片，竟能夠清楚看到骨骼結構，由此誕生了我們所熟知的 X 光醫學應用，倫琴也因此獲得了諾貝爾獎。

如何以 X 模型
發現創新解決方案？

　　第三種模型——X 模型則是一開始沒有要解決的問題，可能純粹是為了好奇、好玩或練習，藉由外界的刺激或內在的靈感開始天馬行空地聯想，繼而得到一些新發現。好比在家裡看 NBA 球賽、在戶外看到美好的風景或各種自然現象與社會百態，都可以觸發聯想。

　　讀者或許會問：沒有思考的目的，怎麼會得到思考的成果呢？

　　會這樣問，表示你還拘泥於邏輯思考的框架中，沒有跨出來。

　　牛頓被樹上掉下來的蘋果砸到，相信他事前並沒想過會在樹下發現萬有引力；瓦特看見水煮開時壺蓋的跳動，也沒有事先預設要在當下發明蒸汽動力，但是他們都有一顆開放和積極思考的心靈，所以發現了平凡人錯失的答案。

　　然而，只會抱怨的人，會埋怨為什麼蘋果不砸別人，偏偏砸到自己頭上；不滿被水煮開時壺蓋跳動的聲音驚擾。正面的人看見機會，抱怨的人卻改變不了事實。當然，專業知識的豐富度和厚度，也決定了你看見機會的方向。

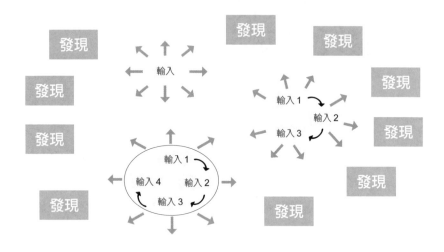

■ 圖 5-3　X 跨界思考模型：不設主軸，自由聯想，爆發新機

　　X 模型思考路徑，最後會像放煙火一樣四處綻放，因此也可以稱之為跨界思考的「火花模型」（圖 5-3）。

　　我們把 X 模型的要點概括為不設主軸、自由聯想、爆發新機。由於不設主軸，不知道結果，所以我們使用了「X」的關鍵字，代表未知。善用 X 跨界思考模型，能夠正面思考、凡事往樂觀積極面向發想的人，就有更多潛在機會看見負面、悲觀的人看不見的發現或答案。

第 **6** 章

思行
──進階應用、思行合一

創新來自跨界思考，更需要行動與實踐
從散發和聚斂之間，發現跨界創新解決方案
利用 A3 報告表，化創新為行動
從舉一反三，到舉一反 N，打通跨與悟

跨界思考總框架

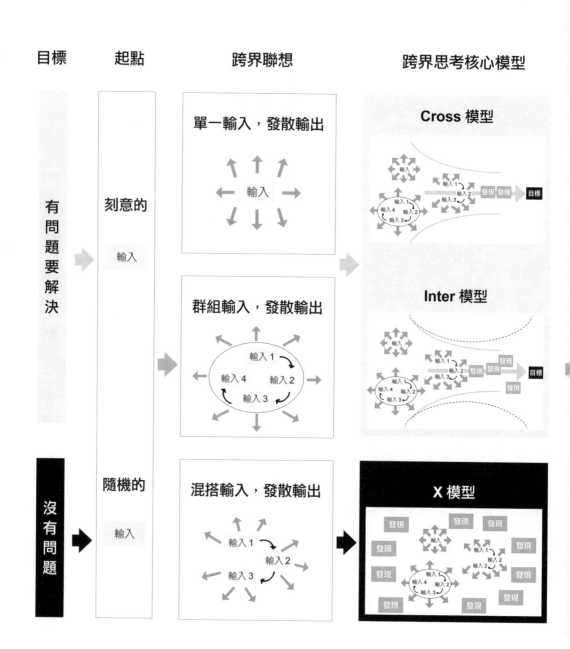

目標　　起點　　　跨界聯想　　　跨界思考核心模型

有問題要解決

刻意的
輸入

單一輸入，發散輸出

輸入

Cross 模型

輸入
輸入 1
輸入 2
輸入 3
輸入 4
發現　發現　目標

群組輸入，發散輸出

輸入 1
輸入 4　輸入 2
輸入 3

Inter 模型

輸入
輸入 1
輸入 2
輸入 3
輸入 4
發現　發現　目標
發現

沒有問題

隨機的
輸入

混搭輸入，發散輸出

輸入 1
輸入 2
輸入 3

X 模型

發現　發現　發現
發現　　　　輸入　　　輸入 1　輸入 2　發現
發現　　　輸入 3
發現　　輸入 4　輸入 2　　發現
輸入 1　輸入 3
發現　　發現　　發現

跨界收斂

單一輸出，單一發現

單一輸出，多重發現

多重輸出，單一發現

多重輸出，多重發現

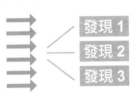

行動方案

目標—任務導向

目標 寫下團隊目標	任務 為達到目標 你需要做什麼？	成功衡量指標 你如何衡量 成功與否？	時間階段 你需要在什麼 時候執行任務？	所需資源 每一項任務 需要哪些資源？

步驟—負責人導向

行動步驟 寫下行動步驟 或任務	負責人 這個步驟 由誰負責	時間點 截止期限 是什麼時候？	資源和方法 執行的方法和需要 的資源有哪些？	衡量指標 每一個步驟的 衡量指標是什麼？

A3 報告書

主題	
1 問題背景	5 因應對策
2 現況分析	6 未來行動計畫
3 目標設定	
4 真因分析	7 後續行動追蹤

展開地圖，
開始跨界思考之旅

我們在第 4 章中已經了解到要如何尋找刺激物，以及發散思考和收斂思考的具體技術和工具，也在第 5 章中學習了跨界思考的三大核心模型。現在，我們可以利用跨界思考來因應各種狀況和問題，讓我們展開跨界思考的地圖，跟著跨界思考總框架，來一趟精采的跨界之旅。

‖ 第 1 站　目標：是否有問題要解決？ ‖

就像你打開新買的電腦、手機，第一步要先進行系統和身分的設定，在進行跨界思考時，你面臨的一個選項，就是決定是否有問題要解決。這些問題可能是來自你的職場、工作、專業、生活、家庭、休閒、人際等各方面。如果沒有問題要解決，你也可以採用隨想的方式進入跨界思考，自在地探索。

‖ 第 2 站　起點：決定跨界思考的刺激點 ‖

我們的輸入就是所謂的刺激點，比如第 4 章例子中的慈濟大學校徽、檯燈，都是刺激點。刺激點的來源可以是刻意選擇的，也可以是隨機選擇的。前者像是刻意蒐集或鎖定某些人物、事件、場景、聲音、影像、照片、文字等，後者則是隨機觀察或任意選取各種人、事、物，以作為

刺激跨界聯想的來源。這一步是跨界思考的起點,相當於為跨界思考獲取「原料」。

‖ 第 3 站 跨界聯想:從輸入到輸出 ‖

接下來,我們需要針對獲取的原料進行「初次加工」,開始跨界聯想。在跨界思考總框架中,黑色箭頭表示連結,也就是從一個刺激點連結到另一個刺激點的過程。灰色箭頭表示輸出,也就是發散思考聯想到的關鍵字、想法、點子、故事等。跨界聯想有三種模型:

1 單一輸入,發散輸出

從一個概念出發,開始發散聯想,比如從慈濟大學校徽聯想到綠、潔白、人、天地、守護,是基本的聯想方式。

2 群組輸入,發散輸出

從輸入 1 聯想到輸入 2、輸入 3……再將這些輸入群組後,當作發散聯想的新起點。比如從慈濟大學校徽聯想到慈濟基金會,再聯想到創辦人證嚴法師,將三者群組後,以「大愛」作為新的起點,進行發散聯想。

3 混搭輸入,發散輸出

再以慈濟大學校徽為例,我首先想到花,從花開始進行發散聯想,想到呼吸、對稱、蓮花,然後又想到草;接著我把草當作發散聯想的起始點,想到高爾夫球場、足球場、揠苗助長,又想到牛吃草;接著我從牛開始聯想,想到公牛、母牛、小牛……這就是混搭輸入,發散輸出。

最後提醒大家，這三種模型只是對思維過程的拆解式描述，拆解的目的，是要讓大家對聯想的過程有所感知和覺察。從描述中你也可以看到，我們的思維其實非常隨意而自由，所以不要被模型限制了，你絕對可以創造出屬於你自己的第四種、第五種聯想方式。

‖ 第 4 站 　跨界思考核心模型 　‖

接下來，我們就要進入整個跨界思考的核心步驟，我們需要將發散聯想的成果，包含所有輸入和輸出，進行「鍛造」，以產生最終的成品。

根據一開始是否有設定問題（主軸），以及最後得到的發現是符合主軸，還是偏離主軸，我們將跨界思考分為三大核心模型——Cross 模型、Inter 模型和 X 模型，關於這三種模型的適用情況，可以參見上一章的說明。

‖ 第 5 站 　跨界收斂：從輸出到發現 　‖

在跨界思考總框架中，還有一個重要步驟，就是完成輸出到發現的收斂，這就相當於我們的成品生產出來之後，還需要進行「包裝」，以滿足運送的需要。

其實，從輸出到發現、從發散到收斂的過程中，我們也是在實踐從跨界思考回歸到邏輯思考，從天馬行空回歸到現實的世界。聚焦收斂有四種模型：

1　單一輸出，單一發現

從一個輸出得到一個發現，一一對應，例如財富想到金錢；近視想到眼鏡；健康想到運動。

2　單一輸出，多重發現

從一個輸出得到多個發現，例如思考術想到邏輯思考、創新思考、跨界思考；手機想到 APP、低頭族、雲端運算；捷運想到便利、準點、擁擠。

3　多重輸出，單一發現

多個輸出支撐一個發現，例如浪費、好吃、懶做，聚焦想到敗家；數學、物理、力學，聚焦想到理工男。

4　多重輸出，多重發現

多個輸出產生多個發現，例如麥可·喬丹、柯比·布萊恩、貝克漢、C羅、喬科維奇，共同聯想到運動、傑出、世界盃、NBA、大滿貫；咖啡、茶葉、巧克力、餅乾，共同聯想到下午茶、釋壓、幸福感、悠閒時光。

這又回到了邏輯思考，和第三站的跨界聯想模型一樣，這裡介紹的收斂模型也只是對思維過程的拆解式描述，你可以在了解這些框架之後，破除框架，自由發揮。

‖ 第 6 站　行動方案　‖

　　這是不容忽視的最後一步，我們需要將思考的成果轉化為行動。實際上，我們在上一站得到的發現就可能隱含了下一步的行動策略。

　　為了滿足在各類工作崗位上的讀者需要，以下介紹三種主流的行動策略制定範本，說明如何將思考結果轉化為行動方案。

1　目標—任務導向
　　這個範本包含了目標、任務、成功衡量指標、時間階段、所需資源等，以目標為導向，強調對目標的分解，以配置相關資源，見圖 6-1。

2　步驟—負責人導向
　　這個範本包含了行動步驟、負責人、時間點、資源和方法、衡量指標等，以工作步驟為導向，根據步驟分配資源，見圖 6-2。

3　問題分析與解決導向：A3 報告書
　　A3 報告書是豐田汽車公司所開創的方法，適用在問題分析與解決導向的行動方案。將問題、目標、要因、對策、計畫、後續追蹤等匯總在一張 A3 紙上，一目瞭然的呈現方式，有助於分析、討論、解決問題，見圖 6-3。

目標 寫下團隊目標	任務 為達到目標 你需要做什麼？	成功衡量指標 你如何衡量 成功與否？	時間階段 你需要在什麼 時候執行任務？	所需資源 每一項任務 需要哪些資源？

▌圖 6-1　目標—任務導向的行動方案範本

行動步驟 寫下行動步驟 或任務	負責人 這個步驟 由誰負責？	時間點 截止期限 是什麼時候？	資源和方法 執行的方法和需要 的資源有哪些？	衡量指標 每一個步驟的 衡量指標是什麼？

▌圖 6-2　步驟—負責人導向的行動方案範本

主題	
1　問題背景	5　因應對策
2　現況分析	
3　目標設定	6　未來行動計畫
4　真因分析	7　後續行動追蹤

▌ 6-3　A3 報告書

　　在實際工作現場，情況是千變萬化，因此，不用拘泥於以上幾種範本，可以根據實際工作需要，製作符合目的的表單。

如何讓跨界思考力
與行動力合而為一？

‖ 別讓模型限制了你的思考 ‖

在前文中，我們介紹了跨界思考的總框架和各類子模型，教你如何發散、如何收斂，可是我們不希望讓模型限制了你的思考。因為即便有了旅行地圖，你還是得實際踏上旅途，親自去探索。接下來，我們將提供近兩年運用跨界思考模型，涉及企業創新、組織變革、產品研發的真實案例，供讀者參考。你可以在實際生活中，靈活運用跨界思考模型。

對於跨界思考模型的活學活用，我們還有以下提醒：

1　在選擇刺激點時，如果你的目標是創新或解決問題，就要有意識地去發現不合理、不方便、有瓶頸之處，並刻意置入發散思考的輸出中。

2　在發散聯想時，不要局限在同一個領域內聯想，也不要局限於線性思考，這樣會減弱跨界的價值。

3　想辦法在每一個刺激點的發散輸出中發現新靈感，你可以在發散的基礎上再發散，逼自己創造一些以前沒有想到的東西。

4 如果選擇的刺激點與要解決的問題相關性較強，輸出時就要刻意偏離問題去發散；如果刺激點是隨機擷取，輸出時則要刻意往問題去靠攏。

5 倘若思考沒有收穫，可以更換刺激點，也可以更換思考的時間、角度或團隊。比如晚上太困倦，可以早上再思考。在教室裡想不出來，就到大自然中思考，如果還是沒有所得，不妨晚上到夜市走走，也許會有新發現。如果和管理團隊一起思考不出來，就試試和研發團隊一起思考，如果還是沒有所得，不妨和直接面對顧客的業務部們聊聊。必要時，發散思考的團隊和收聚思考的團隊，可以是不同特質的團隊。總而言之，不是每一次輸入都有成功的輸出，但我們可以隨時調整思考的起點與路徑。

6 別被模型框住你的思考，只要你回顧跨界思考的前奏曲——打破有用無用、有關無關、是非成敗、對錯得失的界限，隨時都有可能發現跨界的新解答。

7 不必局限於模型的形狀或一定要畫出模型，我們的思考到最後應該是沒有規則、沒有疆界、百無禁忌。

那麼，我們要如何判斷思考結束、如何衡量思考的成效？只要記住一句話：

只要能在無關中發現有關，在沒有為什麼中找出為什麼，就是成功完成了基本的跨界思考。

跨界思考案例一：
創新篇

第一個案例先從簡單的開始，這是我在培訓課堂上的一個練習，讓學生們利用跨界思考模型來反推和解讀一個市面上的成功創新產品。

其中一組同學以「追日聚光型太陽能」為例進行分析。我們就按照跨界思考總框架的順序來說明。

1　目標：確定要解決的問題

以太陽能為代表的新能源正成為未來發展趨勢，特別是在石油資源日益枯竭、環保壓力日益增大的情況下，太陽能成為再生能源中最為炙手可熱的新寵。太陽能光電技術的研發、應用和推廣已經成為許多國家的發展戰略，並影響到國家競爭力。面對如此龐大的市場與需求，這組同學便將問題鎖定在──如何提升太陽能電池片的光電轉換效率？

2　起點：決定跨界思考的刺激點

接下來，他們選擇了以下幾個跨界思考的刺激點：傳統太陽能板、向日葵、放大鏡。

可以看出這組同學的輸入是經過了刻意選擇，它們都和「光」有關。

接下來，他們使用了三組「單一輸入，發散輸出」模型，就每一個刺激點進行聯想。他們從傳統太陽能板聯想到光電轉換原理、一天中的發電量、綠能和反核；從向日葵聯想到葵花籽、花總是向著太陽，再聯想到太陽的運行軌跡；從放大鏡聯想到老年人、望遠鏡，以及小學時利用放大鏡的聚光特性燃燒紙張的實驗。

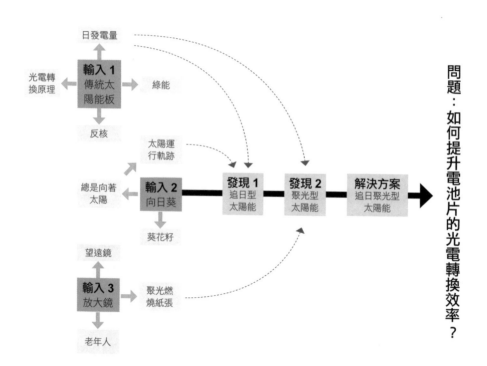

■ 圖6-4　Cross 模型範例：如何提升電池片的光電轉化效率

4　跨界思考核心模型

這組同學選擇了主軸明確、跨界刺激、聚斂主軸的 Cross 模型。從圖 6-4 可以看到，模型的主軸，也就是想要解決的問題為「如何提升電池片的光電轉換效率」，在主軸的左端是三組發散思考的成果，主軸的中段是聚焦收斂階段，把多重輸入轉化為多重發現，並以虛線箭號連結輸出和發現，再進一步提出解決方案。

5　聚焦收斂（從輸出到發現）

這組同學使用了兩組「多重輸出，單一發現」模型，得到兩個發現：

發現 1：向日葵會一直向著太陽，我們是否可以依照太陽運行軌道，設計有追日功能的太陽能板，讓太陽能板一直向著太陽，增加一天的發電量？

發現 2：太陽光經過放大鏡的折射後，可以集中能量，甚至能夠燃燒紙張，那麼，我們是否可以利用凸透鏡原理，設計有聚光功能的太陽能系統？

6　解決方案

他們將這想個兩個發現再做一次聚焦收斂，形成了新的解決方案。追日型太陽能系統能獲得較長的日照時間，聚光型太陽能系統能夠集中太陽光的能量，結合這兩項發現，於是就有了「追日聚光型太陽能系統」。

跨界思考案例二：
變革篇

接下來，我們來看看利用跨界思考促進管理變革的例子。這群來自大型企業的人力資源管理者，在培訓課堂上，嘗試透過跨界思考找出變革方向。過程中，我強制他們跳出線性思考的框架，以跨界的方式思考解決方案。

1　目標：確定要解決的問題

這群管理者懷著期待來參加培訓，希望能夠透過跨界思考帶來變革，但是他們對於需要變革什麼、如何變革還缺乏深刻的了解，因此，我先帶領他們利用「重要─緊急矩陣」和「五個為什麼分析法」釐清需要，於是，他們將問題鎖定為：如何落實核心技術傳承？

在問題還不明確的時候，要如何利用「重要─緊急矩陣」和「五個為什麼」來鎖定問題，我會在篇末的專欄詳細介紹這兩項實用工具。

2　起點：決定跨界思考的刺激點

在選擇刺激點時，這組學員使用的是隨機輸入，因為看到桌上有筆、組員中有美女，以及當時手機遊戲寶可夢 GO 正流行，就把這三項當成刺激點。

3　跨界聯想：從輸入到輸出

　　接下來，他們使用了三組「單一輸入，發散輸出」，從「筆」聯想到筷子、筆記、畫畫、轉動；從「美女」聯想到身材、公關、形象、好心情；從「寶可夢 GO」聯想到互動、創新、有趣、街景……

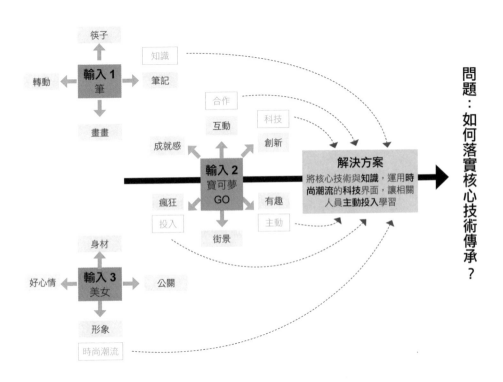

■ 圖 6-5　Cross 模型範例：如何落實核心技術傳承

4　跨界思考核心模型

圖 6-5 是這群管理者繪製的跨界思考核心模型，這也是 Cross 模型，模型的主軸是「如何落實核心技術傳承」，在主軸的左端是發散聯想的結果。他們調整了模型框架，直接將發現的關鍵詞寫在輸出旁邊，以顏色來區分；然後將發現的關鍵詞進行整合，得到完整的解決方案。

5　聚焦收斂：從輸出到發現

在聚焦收斂階段，大家從「筆」聯想到「筆記」，繼而聯想到「知識」；從「寶可夢 GO」得到「互動」、「創新」、「有趣」、「瘋狂」的輸出，繼而分別找到「合作」、「科技」、「主動」、「投入」的發現；從「美女」聯想到「形象」，繼而由「形象」找到「時尚潮流」的發現。

6　解決方案

最後，這組同學非常聰明，他們將幾個發現的關鍵詞整合在一起，提出一條旨在「落實核心技術傳承」這個問題的完整解決方案——「將核心技術與知識，運用時尚潮流的科技界面，讓相關人員主動投入學習」。

幫助你鎖定問題的邏輯思考工具

在這個例子中,這群管理者們一開始儘管期待變革,卻沒有明確想要解決的問題。像這種情況,「重要─緊急矩陣」和「五個為什麼分析法」就是十分好用的工具,我們同樣以這群管理者面臨的問題來說明具體的做法。

‖ 步驟 1 寫出需要解決的問題 ‖

首先,我請這群管理者們思考,在公司的人力資源業務中,迫切需要變革的六項業務(或專案、流程)是什麼。這時還不用思考主次先後順序,只要把問題列出來就好。經過討論後,他們列出了目前公司人力資源業務中最需要變革的六項業務,包括:

- 政府能源政策不明
- 外界干擾營運
- 人力無法有效充分運用
- 核心技術流失
- 訓練資源浪費
- 工會不當干擾

步驟2　利用「重要―緊急矩陣」鎖定問題

　　然後利用史蒂芬・柯維（Stephen Covey）的經典時間管理工具――「重要―緊急矩陣」，把上述六項業務按照重要和緊急程度分別填入四個象限中。其中，「重要―緊急」象限，只允許填入一個事項。

　　經過討論，他們完成的矩陣如下，確定唯一重要且緊急的事項是「核心技術流失」。

	不緊急	緊急
重要	· 人力無法有效充分運用 · 訓練資源浪費 · 政府能源政策不明 **重·需妥善規畫**	核心技術流失 **急·需立即處理**
不重要	 **緩·能少則少**	· 工會不當干擾 · 外界干擾營運 **輕·可委託處理**

‖ 步驟 3　用「五個為什麼」深入分析問題　‖

接下來進入第三步，針對這個唯一重要且緊急的事項，導入麥肯錫顧問公司的「五個為什麼分析法」，連問五個為什麼，逐步推演，分析議題的核心原因，以及可能的治本方法。然後再利用跨界思考，從這個方向找出解決方案。

這一系列的過程，實際上也是運用「先發散，再收斂」的方法。「重要—緊急矩陣」和「五個為什麼分析法」是鎖定問題的實用工具，在問題還不明確時，不妨也套用上述做法，完成對真正核心問題的聚焦。

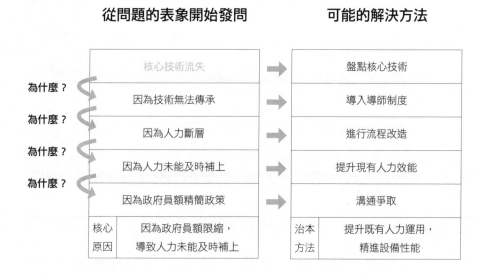

跨界思考案例三：
研發篇

如果你是在科技公司或研發團隊，要開發新產品，你會怎麼做？

一群科技公司的主管在上過跨界思考課程之後，回去讓自己的研發團隊進行新產品開發的跨界思考練習，結果真的促成了新產品的開發。

在這個案例中，大家打破了原有的模型架構，實現了跨界思考的「混搭」、「融合」精神。他們使用了幾輪跨界思考，上一輪的發現可以成為下一輪的輸入。

‖ 從需求面發現問題 ‖

1 目標：是否有問題要解決

研發團隊裡面大多都是理工男，大家從生活中的不合理、不方便、不滿意之處開始思考，試圖發現問題，最後聚焦到的問題十分經典。

研發人員們平時上班都很忙，回到家裡，太太做飯，洗碗的工作大多就分配到了他們頭上。但大家工作了一天，少有心力做家務，於是他們想：如何讓洗碗變得省時、省力，還省水呢？

他們進一步將這個問題分為需求面和技術面，依序進行跨界思考，這又顯示出理工男處理問題的系統性特質。

2　起點：決定跨界思考的刺激點

理工男真的很嚴謹，他們先利用九宮格法做第一步的發散。在九宮格的中心格寫上主題：洗碗，然後開始做發散思考：洗碗是老公的工作，但是洗碗很費時，因為碗筷很油膩，因此要使用清潔劑，但是清潔劑容易造成富貴手，所以我們會使用洗碗機和烘碗機，但是這些方便的機器都很浪費資源，不環保。

他們從這些發散成果中，選擇了「清潔」、「環保」、「懶惰」作為在需求面跨界思考的刺激點。看來大多數人都一樣，一提到勞動，就會想要偷懶，這是人之常情，是很好的創新起點。

清潔劑	油膩	費時
富貴手	**洗碗**	老公的工作
洗碗機	烘碗機	水資源

▌圖 6-6　利用九宮格法尋找刺激點

3 跨界聯想：從輸入到輸出

他們從「清潔」聯想到油污、費時、人力、潔癖、水資源、化學清潔劑等；從「環保」聯想到碳排放、可回收、可分解材料、新產品、省能源、水資源等；從「懶惰」聯想到免洗餐具、懶人包、自動化、O2O、網路下單、宅配等。

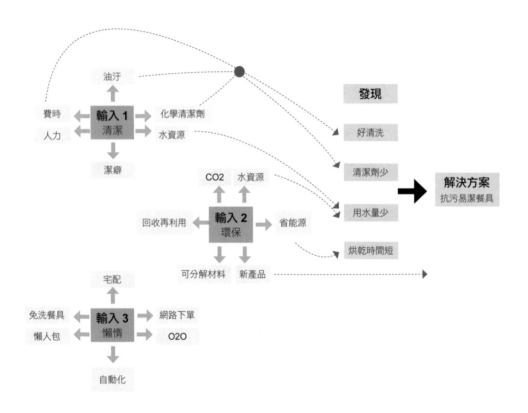

▎圖 6-7　X 模型範例：如何解決洗碗的不便

由於他們的目標是要「解決洗碗的不便」，這只是一個範圍，並沒有明確的主軸，所以他們選擇了「不設主軸、自由聯想、爆發新機」的X跨界思考模型，請見圖 6-7。

5 聚焦收斂：從輸出到發現

從費時、油污、化學清潔劑聚焦到「好清洗」且「清潔劑少」，從清潔和環保兩個刺激點聯想到的水資源，聚焦到「用水量少」，從省能源聯想到「烘乾時間短」。

6 解決方案

研發人員將這四個發現進行收斂，提出了洗碗機以外的產品解決方案——抗汙易潔餐具。他們繼續思考下一步的行動：抗汙易潔餐具的關鍵，是要讓餐具表面不易沾黏油污，才會好清洗，這要怎麼做到呢？

大家把這一輪跨界思考的解決方案當作下一輪的問題，開始了技術面的跨界思考。

‖ 從技術面解決問題 ‖

1 目標：確定要解決的問題

如何讓餐具表面不易沾黏油污？

2　起點：跨界思考的刺激點

因為需求很明確了，他們開始有目的地尋找跨界思考的起點。在技術面，他們選擇了「不沾鍋」、「半導體」兩個刺激點。

3　跨界聯想：從輸入到輸出

由不沾鍋想到用油量少、鐵氟龍、黑色、塗層易脫落、不能用鐵鏟、好清洗、價格高、省能源；由半導體材料聯想到原子層沉積、薄膜、清洗、熱處理、擴散、高介電、低介電等。

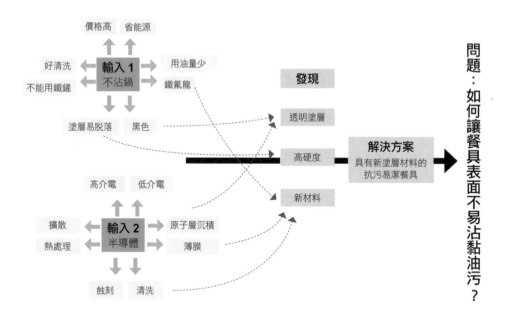

■ 圖 6-8　Cross 模型範例：如何讓餐具表面不易沾黏油污

4 跨界思考核心模型

針對技術面的發散結果，大家開始進行跨界思考。這次由於有明確的目標，所以大家選擇了主軸明確、跨界刺激、聚斂主軸的 Cross 模型。

5 聚焦收斂：從輸出到發現

他們從黑色、原子層沉積收斂到透明塗層；從塗層易脫落聯想到高硬度；由鐵氟龍、薄膜、清洗聚焦到新材料。

6 解決方案

最後，研發人員將透明塗層、高硬度、新材料這三個發現收斂到解決方案——具有新塗層材料的抗汙易潔餐具。

此時，研發人員又以市場和行銷人員的跨界視角，討論了這個新產品的潛在價值，包括能減少清潔劑的使用、提升清洗速度、提升烘乾速度、省水、省能源等。他們的這項創新已經申請專利。當然，新產品在技術、材料、安全和市場方面還需要更詳盡的觀察評估，但我們從這個案例中看到的成果，不僅僅是透過一項新產品減輕男士們的勞動量，還有我們如何靈活使用跨界思考力模型，一步一步推演出創新的商品。

第 **7** 章

無界
──跨界極致、原是無界

開放知識時代，思考力決定你的競爭力
翻轉知識金字塔，萬物都是知識的來源
跨者，易悟；悟者，易跨
跨界的極致，是無界

開放知識時代，
思考力決定你的競爭力

由於工作關係，我經常對不同的單位和機構展開培訓，在上完課後，我喜歡問學生：「今天課堂內容有哪一個點讓你印象最深刻？」

此時大多數學員都會回答是老師說過的某一句話，或是課本、講義上的某一句話。這說明大家都很認真聽講，我也很開心，但是我覺得，一個具備未來競爭力的人才，應該要能夠思考領悟出老師沒有講到，課本、講義上沒有提到的內容。

請讀者設想一下，你獲得了一個千載難逢的機會，能夠與某位大師會面，請益討教。這如果發生在以前，你可能因此得到了獨門祕笈，從此傲立江湖。但是，在如今的時代，另外一個人只要上網就能找到大量關於這位大師的相關論述、文章、視頻、資料，如果能夠花時間好好學習、消化，所獲得能力不見得比你差。

因為現在是開放知識的時代！

從這個例子中我們了解到，知識能力的比拚已經不再是比誰上的課多，或是誰看的書多。因為在日益開放的年代，資訊、資料、資源在網路上越來越公開和透明，知識資源在人人面前都是平等的。所以我們認

為，未來的競爭力將是領悟力的比拚、思考力的比拚。一個人的優勢並不是擁有別人沒有的書，而是擁有別人沒有的思維方式。

在資訊海量、免費、隨處可及的時代，人人都是知識的所有者，人人都是知識的創造者，這時候，組織與個人的核心競爭力一定源自於連接與跨界。

‖　學會跨界思考，翻轉知識金字塔　‖

在傳統的知識管理中，有個著名的「DIKW 金字塔模型」，也就是從「資料」（Data）到「資訊」（Information）、到「知識」（Knowledge），再到「智慧」（Wisdom）的層級，就像在公司裡，從新手菜鳥到資深員工、到專家，再到大師。

按照傳統的理解，DIKW 金字塔模型指出了資料的遞進轉化：原始的觀察產生了資料；分析資料之間的關係，獲得了資訊；應用在行動上，創造價值，就產生了知識；累積知識經驗，觸類旁通之後，便產生了智慧。

但是在跨界的時代，傳統的知識金字塔將被顛覆，從而產生一個新的「倒金字塔」（圖 7-1）。我們同樣從下往上來看，對於一個新手學習者來說，他還沒有能力判斷是非，所以只有含金量高的事物（比如說，樹立標竿、學習好榜樣、把知識印在書本上、灌輸在課堂上），他才能夠學習和吸收。他還沒有辦法從那些沒有標準、沒有價值的東西中學習。然而，當他形成了一定的認知判斷框架之後，他就可以主動尋找和探索，

找出有價值的知識，構建自己獨有的知識體系和知識編碼系統。當他成為領域專家之後，他不僅能夠發現對自己有用的知識，還能夠明辨是非對錯、正反黑白。但是，很多有知識的人最終也僅僅停留在這個階段，總是認為「非此即彼」、「非黑即白」，做不到辯證與包容，看不到對方的可取之處。

然而，一個真正有智慧的人，他能夠學習到的知識應該是無所不在，他張開眼睛，萬物都是知識，即使是那些犯錯的人、與你意見不一的人，都能夠從他們身上獲得有價值的東西。更何況，很多事情本來就沒有絕對的對錯是非。沒有兩個人對世界的看法和信念會完全一致，但這並不代表兩個人之間不能溝通和互相學習。人生智者因為認識到這一點，所以能夠做到「包容對立，堅定前行」，能夠輕鬆地做到向不一樣學習。

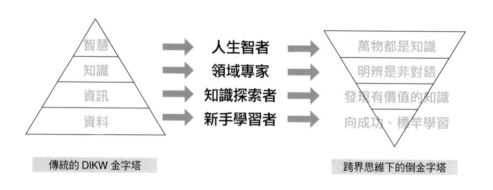

▌圖 7-1　學會跨界思考，翻轉知識金字塔

從人生的角度，我們相信，跨界思考可以讓我們向人生智者的境界邁進。因為跨界，讓我們意識到萬事萬物的存在與發生都有它的道理，都值得我們用心去探索和學習。如果你能夠做到海納百川、兼容並蓄，那麼你已經走在通往智慧的道路上了。

‖ 養成跨界思考的習慣，享受跨界思考的魔力 ‖

學會了跨界思考，你不需要再擔心浪費時間，因為你已經擁有了碎片化時間的學習術。在大家被碎片化的資訊、碎片化的時間、空間所局限時，你能夠時時有思索、處處有發現。因為你看到任何東西都能觸發思考，你相信任何事物都是知識，所以生命中根本沒有所謂的浪費時間。

當你這麼做，你就能從「舉一反三」發展到「舉一反 N」。N 越大，表示你領悟性越高，學得越快。看到一樣事物，能夠同時聯想到很多事物，因為它們都具有相通的事理。

懂得「舉一反 N」之後，你最後會發現，其實萬流歸一。三教九流、三百六十行，我們不能門門精通，但有時候學到一門，旁門自然就通了。

根據我的觀察，在企業界和學術界，值得尊敬的專家學者往往都具有謙卑親和的姿態，又富於創新進取的精神，同時也擁有輕鬆活潑的生活品味。他們把知識管理變成了一種哲學，注入禪意，化作修行，融入日常，這種觸類旁通、融會貫通的能力，讓他們從眾多知識管理工作者中脫穎而出。

學會跨界思考，你會發現，你睜開眼睛，看見的萬物都是知識，你將可以享受跨界思考的魔力：

- 跨界思考可以挖掘更多工作時間

  下班後身、心、靈放鬆的時間，都是上班不夠用的思考時間的延長。

- 跨界思考可以發現更多家庭時間

  與家人相處的看電視、共讀、運動、旅遊時間，都是吸收新知的來源。

- 跨界思考可以找出更多休閒時間

  利用休閒時間，刺激僵化的腦袋，有了新思維，才有新行動。

- 跨界思考讓你更容易解決問題

  接觸專業領域以外的書籍或期刊，往往可以找到心中疑惑問題的答案。

- 跨界思考可以發現更多新點子

  接觸不同管道的資訊與知識，可以刺激腦袋，活化思考，增進創造力。

- 跨界思考可以發現更多新知識

  除了專業領域的知識外，八卦資訊、社會新聞也可能變黃金。

- 跨界思考可以找到新人際關係

  多接觸異質性的朋友，多聽異質的建議與聲音，在新人際中找到新方向。

- 跨界思考可以讓你更尊重別人

  超越自己的主觀思考，學習站在對方的立場，了解多元價值而尊重對方。

- 跨界思考可以更樂觀面對人生

  走出自己的封閉世界向外看，發現人生處處有夢想、處處是機會。

- 跨界思考可以產生巨大的爆發力

  不同文化、不同磁場、不同專業互相交流，產生交會點的創新爆發力。

如何不用跨界思考模型，
也能有跨界發現？

本書的終極目標並不在於提供具體的模型，而是希望提供一種新的思考模式與習慣。要養成跨界思考的習慣，並不是要求你記住跨界思考的模型，只需要你能夠時時回到跨界前奏曲的心態——打破有用無用的界限，打破有關無關的界限，打破是非成敗的界限，打破對錯得失的界限。

本書提供的模型、工具、架構、方法、範本、案例，最終目的並不是要將你局限在框框中學習，而是希望你能夠跳出框框和架構，從無關中發現有關，從沒有為什麼中看見為什麼，達到真正跨界的目的，體驗跨界的美好，享受跨界的魔力。

在這裡，就與大家分享幾個不用模型的跨界人生思考。

‖ 繩結與心結 ‖

曾經有位學生來傾訴他和另一位老師有心結，因為他的努力得不到老師的承認，覺得自己被誤解和忽視了。這位學生憋著一口氣，現在終於拿到一個獎，他說要回去告訴那位和他有心結的老師，他看錯人了。

我從心結聯想到繩結，發現它們的作用是相通的。我把自己的感悟告訴這位學生：「你其實不用糾結於這個心結一定要解開啊！光滑的繩子如果不打結，就很難往上攀爬；同樣的，人生中如果跟誰有心結，也不用糾結於這個心結一定要解開。正是這些結成為你向上的階梯，所以，不必再回過頭想要證明什麼，反而應該謝謝那位老師，就是因為有這個結，才成為你今天成功的動力。」

‖ 透明膠帶與時間管理 ‖

很多人用完透明膠帶後就直接黏住，但是我每次用完時都會花兩秒鐘把撕口對折，方便下次使用。這其實就是時間與效率管理，我由此悟到一個道理：這次如何結束，決定下次如何開始。

後來我讀到麥肯錫的案例。在麥肯錫，當結束一項專案時，都要再花 5% 的時間做結案整理，存入麥肯錫的全球案例庫，讓全球的麥肯錫顧問團隊都能夠查閱類似案例與最佳實踐，為用戶提供標準化、高品質的顧問服務。

中國的明星企業華為公司，其知識管理方法也為人稱道，華為獨特的「知識收割」同樣是在專案結束後，對產生的文檔和經驗進行整理，刷新組織的知識資產，將專案經驗傳遞給合適的團隊。

這不就是「這次如何結束，決定下次如何開始」嗎？麥肯錫、華為的這些成功祕訣，就藏在小小的膠帶中。

‖ 工具箱與多元 ‖

有位大學生問我：「老師您有時說要堅持，有時又說要放下；有時說要積極，有時又說要不爭；有時說要自信，有時又說要謙虛；這些矛盾的話語，如何指引我們正確的選擇呢？」

這時候我想到了家裡的工具箱，並回答他：「你打開家裡的工具箱，會看到裡面有各種不同尺寸的套筒、一字、十字起子，還有許多順轉、逆轉的棘輪起子固定器。當我們要修理或組合不同的家具時，工具的種類越多，選擇就越多，工具的使用經驗越豐富，越能信手拈來，運用得得心應手。這些工具，尺寸有大有小、旋轉有順有逆、形狀有一字有十字，它們不是矛盾，而是多元，提供你有更多樣的選擇。人生也是如此，多吸收、多內化對你有用的故事、道理、哲理或智慧話語，或許初看的確有矛盾，其實，它們都是你人生工具箱裡的好工具，什麼時候該拿出什麼工具，就看你對工具的熟悉度與判斷選擇了。」

面對眼前的這本跨界書，希望你也有這樣的智慧。

最後，我們想告訴各位讀者：

跨界，不是學非所用，也不是不務正業；

跨界，不是求多而模糊失焦，而是在多元刺激中產生新聚焦；

跨界，融合了邏輯與創新，也混搭了發散和收斂；

跨界，結合了巨觀與微觀，教我們跳出舊框框，站上新高度；

跨界，其實是在無關中發現有關，沒有為什麼中發現為什麼；

跨界，往往會挖出埋藏在你內心多年卻忘了如何吶喊的聲音。

萬物本相通，不過庸人設界自阻之、自擾之。

跨界的極致，其實是無界。

附錄 1

個人探索實踐表

這裡彙整了第一、二章介紹的個人探索工具，你可以參照第一、二章的說明與範例，利用以下的空白表單，盤點個人優勢，接軌未來趨勢。

你也可以掃描 QR Code，下載空白表單。網址：
http://www.readingtimes.com.tw/timeshtml/ad/CFD0294/list01.pdf

■ 九宮格法

第一核心價值

第二核心價值

▌ 人生發展座標

個人優勢 Strengths	個人劣勢 Weaknesses
外在機會 Opportunities	外在威脅 Threats

▌ SWOT 分析法

我的人生夢想策略地圖	
我的使命（對社會的責任）： 我的夢想（五～十年後的未來）： 我的核心價值（最獨特的 DNA）：	
財務 （經濟來源）	
顧客 （貴人朋友）	
內部流程 （工作·生活模式）	
學習成長 （核心優勢）	

■ 人生夢想策略地圖

個人商業模式圖

關鍵合作夥伴	關鍵活動	價值主張	顧客關係	目標客層
	關鍵資源		通路	
成本結構		收益流		

■ 個人商業模式圖

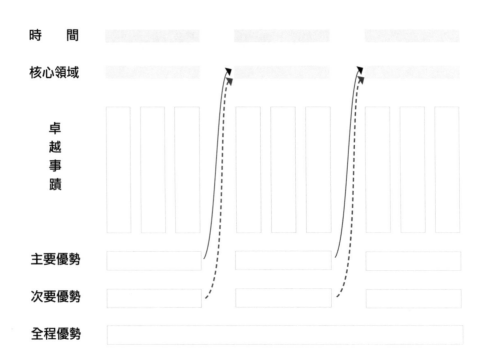

■ 優勢轉型檢視表

時間　／　專長									
專長 1									
專長 2									
專長 3									
專長 4									
專長 5									

■ 個人核心專長成長檢視表

附錄 2

跨界思考操練表

以下的發散思考工具、收斂思考工具，以及跨界思考三大模型，可以在第五、六章找到說明。無論是個人或企業要導入跨界思考，都可以善用以下空白表單。

特別注意最後一張跨界思考 A3 報告書，當你利用跨界思考模型完成問題的分析與解決之後，將求得解決方案的過程彙整在這份 A3 表，有一目了然的說明效果。

同樣的，你也可以掃描 QR code，下載空白表單。網址：
http://www.readingtimes.com.tw/timeshtml/ad/CFD0294/list02.pdf

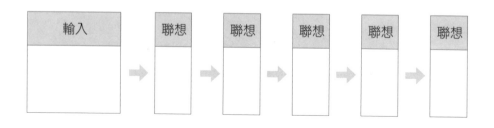

▌線性關連思考法

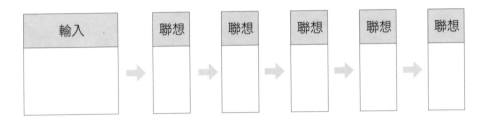

■ 進階關連思考法

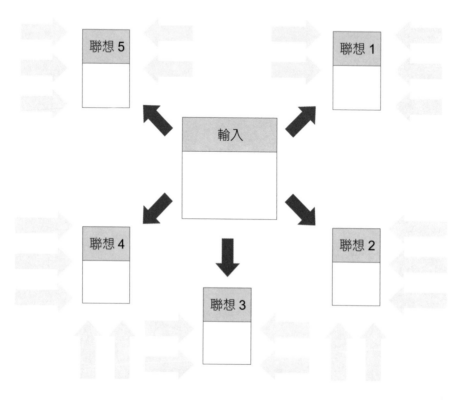

■ 發散關連思考法

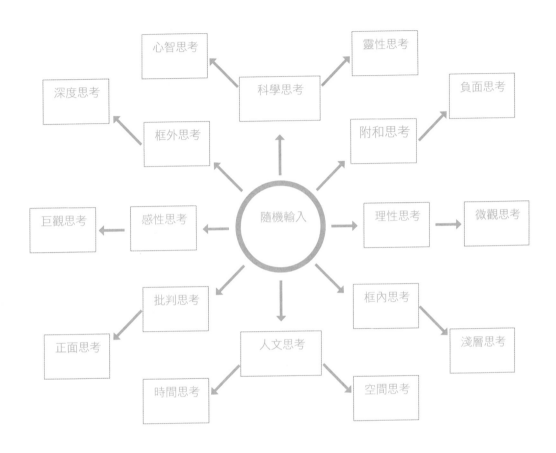

■ 發散思考練習

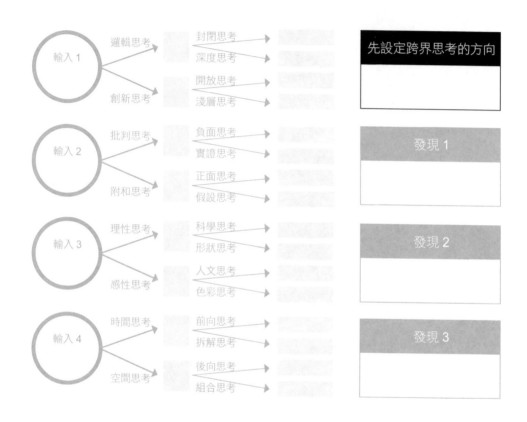

輸入 1　邏輯思考 → 封閉思考 →　　深度思考 →　　開放思考 →　淺層思考 → 創新思考

先設定跨界思考的方向

輸入 2　批判思考 → 負面思考 →　　實證思考 →　　正面思考 →　假設思考 → 附和思考

發現 1

輸入 3　理性思考 → 科學思考 →　　形狀思考 →　　人文思考 →　色彩思考 → 感性思考

發現 2

輸入 4　時間思考 → 前向思考 →　　拆解思考 →　　後向思考 →　組合思考 → 空間思考

發現 3

▌ 收斂思考練習

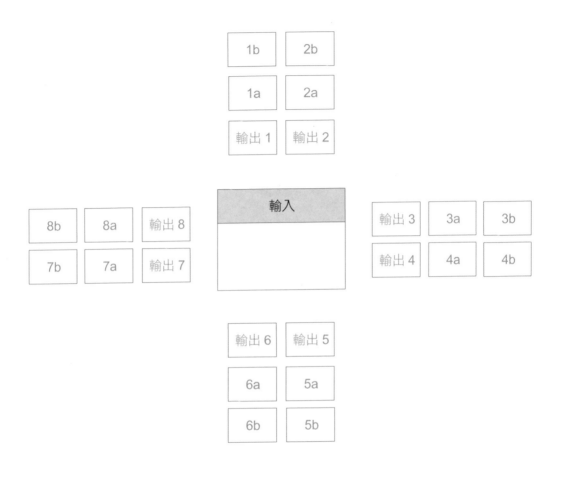

■ 單一輸入，發散輸出

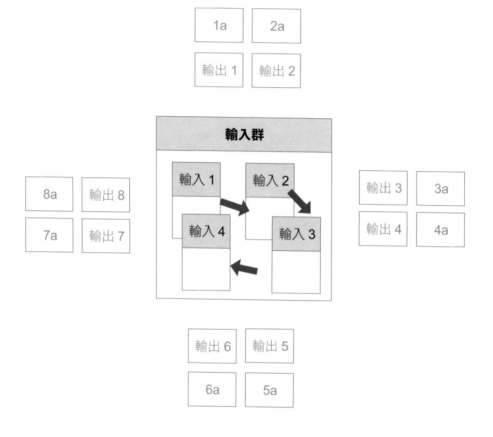

■ 群組輸入，發散輸出

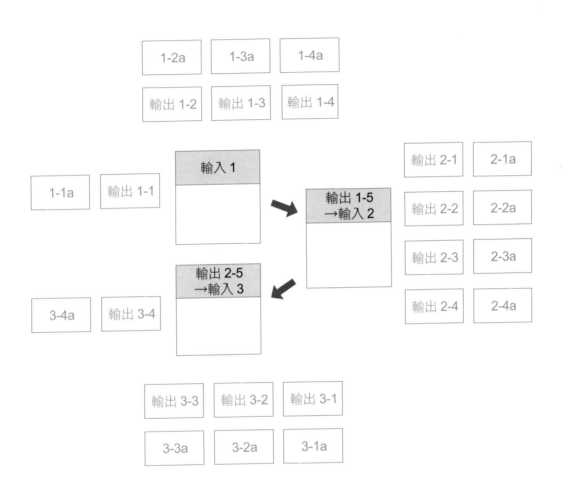

■ 混搭輸入，發散輸出

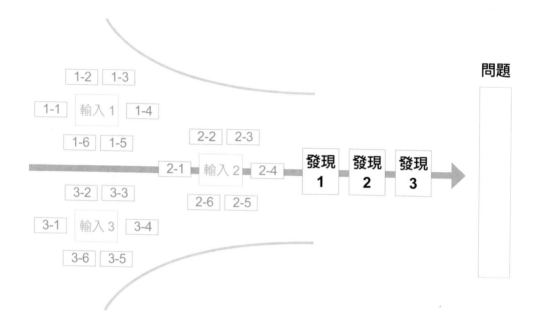

■ Cross 跨界思考模型

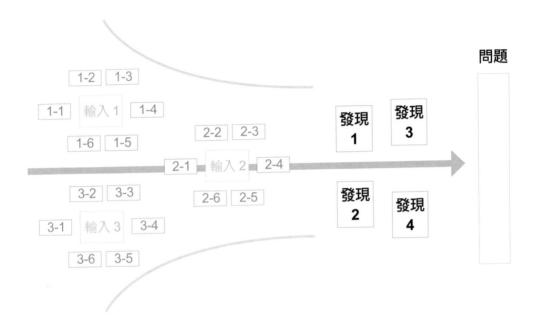

▮ Inter 跨界思考模型

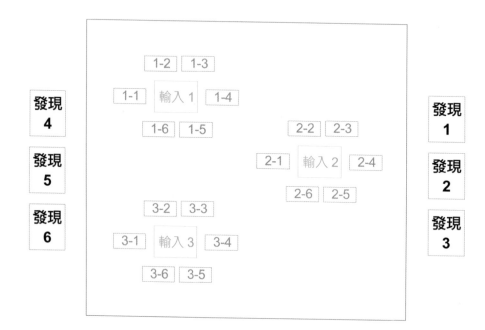

發現 4
發現 5
發現 6

1-2　1-3
1-1　輸入 1　1-4
1-6　1-5

2-2　2-3
2-1　輸入 2　2-4
2-6　2-5

3-2　3-3
3-1　輸入 3　3-4
3-6　3-5

發現 1
發現 2
發現 3

▮ X 跨界思考模型

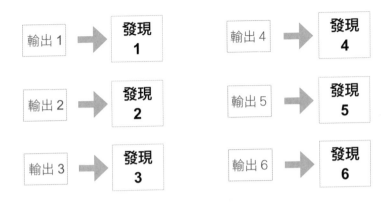

■ 單一輸出，單一發現

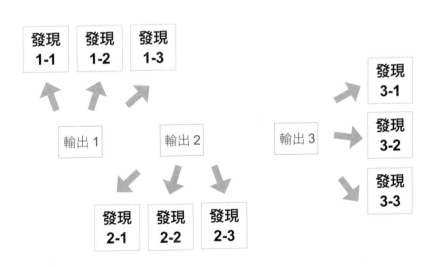

■ 單一輸出，多重發現

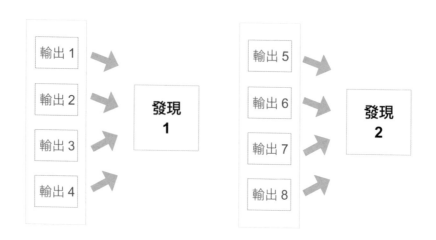

■ 多重輸出，單一發現

■ 多重輸出，多重發現

1　問題説明	3　從輸入到輸出	5　發現解決方案
2　輸入	4　從輸出到發現	6　提出行動方案
		（包括行動項目、起訖時間、查核重點）

▌跨界思考與問題解決 A3 表

跨界思考操練手冊——從個人探索到解決問題，7 步驟找出你的優勢，讓跨界經驗發揮最大效應／陳永隆、王錚　著 . -- 初版 . -- 台北市：時報文化，2018.01；168 面；17 ╳ 22 公分
ISBN 978-957-13-7267-9（平裝）

1.　創造性思考　2.　自我實現
176.4

106024040

人生顧問 294

跨界思考操練手冊
——從個人探索到解決問題，7 步驟找出你的優勢，讓跨界經驗發揮最大效應

作者　陳永隆、王錚　｜　主編　陳盈華　｜　編輯　劉珈盈　｜　美術設計　陳文德　｜　內文美術　李莉君　｜　執行企畫　黃筱涵　｜　董事長　趙政岷　｜　出版者　時報文化出版企業股份有限公司　108019　台北市和平西路三段 240 號 4 樓　發行專線—(02)2306-6842　讀者服務專線—0800-231-705．(02)2304-7103　讀者服務傳真—(02)2304-6858　郵撥—19344724 時報文化出版公司　信箱—10899 臺北華江橋郵局第九九信箱　時報悅讀網—http://www.readingtimes.com.tw　｜　法律顧問　理律法律事務所　陳長文律師、李念祖律師　｜　印刷　勁達印刷有限公司　｜　初版一刷　2017 年 1 月 19 日　｜　初版二刷　2020 年 6 月 11 日　｜　定價　新台幣 350 元　｜　版權所有翻印必究（缺頁或破損的書，請寄回更換）